W0367587

Lusinia Anne Rose

Dualseelen und die Kostbarkeit ihrer Energie für das Jahr 2012 ...

... und darüber hinaus

Gewidmet dem Licht und der reinen bedingungslosen Liebe in allen Wesen

Dualseelen
und die Kostbarkeit ihrer Energie
für das Jahr 2012 ...

... und darüber hinaus

Lusinia Anne Rose

1. Auflage August 2009
2. Auflage März 2010
3. Auflage August 2011

Herausgeber:
Lusinia-Verlag, Bernhardswald
www.lusinia.de
Mail: kontakt@lusinia.de

Lektorat:
Felicitas Sauer, Bamberg

Titelbild:
Marius Michael-George, www.mariusfineart.com, Mail: marius@imt.net

Fotos im Innenteil:
Lusinia-Verlag, Bernhardswald

Druck:
Kartenhaus Kollektiv Grafische Dienste GmbH, Regensburg

© Lusinia-Verlag, 2009, 2010, 2011
Alle Rechte vorbehalten. Gerne dürfen einzelne Textauszüge mit Quellenverweis verwendet werden. Ab fünf Seiten bitte vorher die Genehmigung des Verlages einholen.

ISBN 978-3-00-028398-7

Gedruckt auf Munken Pure, hergestellt ohne Zusatz von optischen Aufhellern (OBA) FSC

Inhaltsverzeichnis

Wie kam es zu diesem Buch?

Schon als Kind fühlte ich mich sehr verbunden mit der Natur und den Menschen um mich herum. Ich spürte dieses „ALL-EINS-SEIN“ noch sehr deutlich und erinnerte mich gut daran. Das hat sich u. a. so ausgewirkt, dass ich schon als Kind kein Fleisch essen konnte und sehr achtsam mit Pflanzen und Tieren umging. Auch das Thema Wertschätzung begleitet mich, seit ich denken kann. Ich spürte schon immer meine Engel und geistigen Wesenheiten um mich und kommunizierte gerne mit ihnen. Das war für mich ganz normal. Bis ich irgendwann merkte, dass die Kinder um mich herum seltsam reagierten, wenn ich davon sprach. So entschied ich, nicht mehr darüber zu reden und wurde ein eher stilles Kind.

Bereits als Jugendliche interessierte ich mich für alles, was mit Persönlichkeitsentwicklung, Spiritualität und Heilen zu tun hatte. Interessant war, dass ich ganz viel Bestätigung bekam, für das, was ich tief in mir schon immer spürte, dass es genau so ist. Und irgendwann erkannte ich, dass ich noch viel mehr wahrnehmen und „sehen“ durfte, als das, was ich bereits wusste. Ich durfte allerdings auch lernen, mit den Botschaften und Bildern der geistigen Welt sehr demütig und achtsam umzugehen. Interessant war, dass ich sehr viel über eigene Krankheiten lernen musste (vermutlich, weil ich ohne den Schmerz nicht bereit gewesen wäre, die zarten Stimmen und Bilder meiner Intuition wahrzunehmen).

In meinem Beruf als Seminarleiterin, konnte ich diese intuitive Fähigkeit bei den vielen Gesprächen mit meinen Teilnehmern sehr stark trainieren und lernte darauf zu vertrauen.

Eines Tages bekam ich auch klare Informationen zum Thema Dualseelen (bis dahin hatte ich davon noch nie etwas gehört).

Im Mai und Juni 2008 gingen mein Mann und ich zusammen den Jakobsweg von Frankreich bis nach Santiago. Das war für mich eine hochspirituelle Zeit, weil ich den ganzen Tag in einem unglaublich intensiven Dialog mit meinen Engeln und geistigen Wesenheiten war, die mir viele Lektionen erteilt haben und mich all das lehrten, was in diesem Buch steht. Sie forderten mich in der Zeit schon auf, alles aufzuschreiben und als Buch zu veröffentlichen. Allerdings bin ich sehr praktisch veranlagt und hatte auf dem Jakobsweg nur ein kleines leichtes Tagebüchlein dabei. So vereinbarten wir, wenn ich das Buch wirklich schreiben soll, dass sie mir doch bitte den Text dann diktieren, wenn ich auch meinen Computer habe.

Im August 2008 ging es dann los, dass ich von meinen geistigen Wesenheiten liebevoll und trotzdem sehr deutlich zum Schreiben aufgefordert wurde, ohne zu wissen, was ich schreiben sollte. Ich saß Stunden vor meinem Computer und tippte. Mein Mann kümmerte sich liebevoll um mich und sorgte dafür, dass ich immer mal wieder was zu trinken bekam. Als ich es Tage später durchgelesen hatte, war ich erstaunt, was da stand.

Nun gut, trotzdem gab es auch meinen Alltag, der zu meistern war. Und darum blieben die Texte einfach mal einige Monate recht unbeachtet nur als Datei in meinem Computer. Interessant war dann, dass ich von mehreren Menschen genau mit dem Thema Dualseelen konfrontiert wurde. Und ich konnte ihnen durch dieses Wissen sehr weiterhelfen.

Genau vor einem Jahr war ich auf dem Jakobsweg, und die Impulse und klaren Aufforderungen die Texte als Buch zu veröffentlichen wurden täglich – und besonders nachts – intensiver. So entschied ich, diese Aufgabe zu erfüllen und das Buch zu veröffentlichen.

Es wurde mir – wie gesagt – von der geistigen Welt, insbesondere Lady Nada und Sananda, diktiert. Ich durfte diese Aufgabe übernehmen und bin sehr dankbar, hier meinen Beitrag leisten zu dürfen. Ich empfinde das als große Gnade.

Ich habe tiefstes Vertrauen, dass die Menschen, denen diese Zeilen helfen, auch zu dem Buch finden und ihre Erkenntnisse bekommen. Möge es ein wertvoller Begleiter sein, den Sinn der Dualseelen-Energie zu erkennen und damit verantwortungsbewusst und wertschätzend umzugehen.

Das Buch soll eine Hilfe sein, die Aufgabe der gemeinsamen Dualseelen-Energie zu erkennen indem wir bei uns selbst beginnen in unsere eigene Energie unser eigenes Sein zu kommen und daraus unseren Dualseelenpartner, unsere Zwillingsseele, zu erkennen. Zu erkennen, sofern beide vereinbart haben, sich in diesem Leben zu treffen. Es soll auch Klarheit bringen, dass eine Partnerschaft nicht unbedingt nur mit der Zwillingsseele glücklich sein kann.

Nach jedem Kapitel ist ein „heilbringender Text". Diese Texte wurden mir auch immer wieder am Jakobsweg und in der Zeit während ich dieses Buch schrieb, diktiert. Nehmen Sie sich bewusst etwas Zeit für diesen Text, lassen Sie ihn wirken und seine Schwingung entfalten.

Am Ende des Buches ist Platz für eigene Notizen, für Ihre Herzensberührungen und Herzenstaten, damit Sie das, was Ihnen wichtig ist, gleich notieren können. So fällt es Ihnen leichter, Ihre Erkenntnisse konkret zu benennen und in Ihren Alltag zu integrieren. Aus meinem tiefsten Herzen wünsche ich allen Leserinnen und Lesern viel Licht, Liebe, Freude und Leichtigkeit in Ihrem Leben.

Lusinia

Kleine Einführung in das Thema Dualseelen und Seelenpartnerschaften

Wenn wir über Dualseelen und Seelenpartnerschaften sprechen, so ist es wichtig zu wissen, dass wir alle aus der gleichen „Seele", aus dem gleichen „ALL-EINS-SEIN" stammen und somit im Prinzip alle auf Seelenebene miteinander verbunden sind.

Als das „große ALL-EINS-SEIN", die „eine große Seele" entschieden hat, sich zu erfahren, begann sie sich zu teilen, in immer mehr und in immer kleinere Teile bis irgendwann die kleinstmöglichen „Teilchen" entstanden sind. Dadurch bildeten sich erst Seelengruppen und dann Seelenfamilien. (Ähnlich, wie es hier auf Erden unterschiedliche Nationalitäten und darin viele einzelne Familien gibt.) Und auch die Seelenfamilien teilten sich in einzelne und natürlich trotzdem immer miteinander verbundene Seelen.

So wie der Ozean viele Wellen hat, so ist zwar die Welle als solches eine Welle, doch sie ist trotzdem immer mit dem ganzen Ozean verbunden und somit auch mit den anderen Wellen. Natürlich könnte man diese Erklärung jetzt noch sehr lange ausdehnen, doch hier geht es nur darum, die grundlegenden Zusammenhänge zu kennen.

Die folgenden Bezeichnungen sollen helfen, dieses Thema leichter zu verstehen:

Seelengeschwister:
Als Seelengeschwister bezeichnet man die Seelen, die ihre erste Inkarnation gemeinsam gemacht haben. Sie werden sich auch in weiteren Leben immer mal wieder in unterschiedlichen Konstellationen begegnen und eine große Vertrautheit empfinden.

Karmische Seelenpartnerschaften:
Das sind Partnerschaften, in denen die Seelen in diesem Leben zusammen sind, um unerledigte Themen aus früheren Leben zu lösen. Sobald das geschehen ist, gibt es für die Seelen keinen spirituellen Grund mehr dieses Leben weiterhin gemeinsam zu erleben.

Projektbezogene Seelenpartnerschaften:
Das sind die Seelen, die sich für ein spezielles Projekt hier auf Erden wieder finden und auch sehr deutlich spüren, dass sie zusammen etwas bewegen möchten. Sobald das Projekt beendet ist, gehen diese Seelen oftmals wieder ihre eigenen Wege und werden trotzdem immer eine große Verbundenheit spüren.

Dualseele:
Das ist eine Seele, die in zwei Körper inkarniert ist.
(Näheres dazu in diesem Buch.)

Hinweis: Seelenpartnerschaften sind nicht automatisch mit Lebenspartnerschaften gleich zu setzen. Das können auch Geschäftspartnerschaften, Freundschaften etc. sein. Ganz generell geht es hier nicht um weltliche Lebenspartnerschaften – das wäre nochmals ein ganz anderes Thema. Natürlich kann all das auch in einer Ehe bzw. Lebenspartnerschaft sein.

Für alle Leserinnen und Leser, die in einer festen und glücklichen Partnerschaft leben, habe ich folgende Bitte: Beginnen Sie jetzt nicht zu analysieren, ob Ihr Partner wirklich in eine der Gruppierungen rein passt, sondern fragen Sie sich lieber: Was kann ich tun, um meine Partnerschaft auf die Ebene einer Seelenpartnerschaft mit all den Seelenqualitäten zu entwickeln.

Wenn das Ziel ist, dass wir alle wieder in das ALL-EINS-SEIN zurück kommen, ist nicht der Beginn dann der, dass wir in uns selbst unsere Ganzheit finden und daraus dieses ALL-EINS-SEIN-Gefühl mit immer mehr Menschen und auch Tieren und Pflanzen entstehen lassen?

Vorwort

Dieses Buch soll Klarheit bringen, wie kostbar die gemeinsame Dualseelenenergie ist und was damit Wertvolles bewirkt werden kann, sofern Ihr in der Lage seid, mit diesem göttlichen Geschenk richtig umzugehen.

Vieles ist Euch schon bekannt, was die ganze Seelen-Thematik betrifft. Wir wollen darauf aufbauen und Euch Erkenntnisse bringen, die Eure Ganzheit fördern und Euch zum Glücklichsein und auch zum Achtsamsein ermutigen.

Es wird Euch helfen, sehr verantwortungsvoll mit Euch, Eurer Dualseele und Eurem Leben umzugehen.

Es hat einen Grund, wenn sich zwei Dualseelen hier auf Erden wieder finden und um diesen zu erkennen, haben wir hier für Euch wichtige Botschaften niedergeschrieben.

Auch geht es in diesem Buch darum zu erkennen, wie die gemeinsame Energie wertvoll genutzt werden kann und auch soll. Dabei ist es egal, ob beide Dualseelenpartner hier auf Erden inkarniert sind oder nur einer.

Die Texte in diesem Buch sollen Euch jedoch auch viele Erkenntnisse und Bestätigungen über geistige Gesetzmäßigkeiten geben und Euch für Euer Leben inspirieren.

Die schöpferische und bedingungslose Liebe zu empfinden und zu leben ist unglaublich kostbar. Ihr werdet hier schöne Anregungen genau dazu bekommen.

Wir laden Dich ein, auf eine Reise zu Dir selbst und zu Deinem wahren Sein. Liebe und Licht begleiten Dich.

Lady Nada und Sananda

Grenzen und die gemeinsame Energie der Dualseelen

Es geht um Grenzen und was mit der gemeinsamen Energie von Dualseelen bewirkt werden kann: Die Energie der Dualseelen ist von größter Bedeutung für die Weiterentwicklung der Menschheit, für die Anhebung des Bewusstseins. Es geht darum, sich über die eigene Grenze hinaus zu vereinigen und so seine eigene Ganzheit zu finden.

Das Wissen, dass es einen – nur einen – Dualseelenpartner in diesem Universum gibt, soll uns helfen, diesen zu erkennen und zu spüren, ganz gleich, ob er auf Erden inkarniert ist, oder uns von der geistigen Welt aus unterstützt.

Es muss eine bewusste Vereinigung der beiden Energien stattfinden. Dazu bedarf es viel Demut und Einfühlungsvermögen und Hingabe, unsere selbst auferlegten Grenzen, die dieses Leben hier mit sich bringt, aufzugeben.

Entscheidend ist hier, dass wir die geistigen Gesetzmäßigkeiten mindestens in Balance zu den irdischen Gesetzen bringen. Es darf nicht sein, dass wir die geistigen Gesetze den irdischen unterordnen. Es bedarf viel Demut, uns diesem Wissen hinzugeben und es nicht nur anzunehmen, sondern zu leben.

Die Vereinigung von zwei noch getrennten Dualseelen findet statt, in dem sich beide Teile zueinander bekennen und die energetische Vereinigung bewusst vollziehen. Das kann in Form eines Gebetes, eines Rituals oder auch einer Hochzeit für dieses Leben sein. Je mehr Dualseelen sich zueinander bekennen, umso leuchtender wird die Energie des ALL-EINS-SEIN, umso größer der Friede in den Herzen und umso mehr kann unser wahres Sein, die reine bedingungslose Liebe leben.

Die Dualseelenpaare, die sich beide in der geistigen Welt befinden sind vereint und senden ihre Energie voll liebevoller Hingabe und unermüdlich an all jene aus, denen diese Vereinigung noch bevorsteht. Es ist für viele ein sehr schwerer Schritt, weil Ihr in diesem Leben so gänzlich anders erzogen wurdet und Euch an so viele geistige Wahrheiten nicht mehr erinnern könnt. Doch es ist wichtig, sich daran zu erinnern und sich in den Fluss der Evolution zu begeben, anstatt sich dagegen zu wehren. Sicher wird es einige Verwirrung in Euren Köpfen bringen, doch die Wahrheit will gelebt werden.

Für die Dualseelen, deren Ergänzung in der geistigen Welt ist, ist es so schwer greifbar, was sie zu tun haben. Und es ist unglaublich schwer für einen menschlichen Verstand, sich an etwas hinzugeben, das der Verstand nicht kennt und auch nicht sieht. Doch geliebtes Wesen, habe Vertrauen und sei Dir gewiss, dass Dein Dualseelenpartner Dich warmherzig und voll tiefster bedingungsloser Liebe empfängt. Da Ihr geistig sowieso verbunden seid, besteht die „Trennung" nur noch aus der Erkenntnis und der bewussten Hingabe an diese Verschmelzung. Dadurch wird die gemeinsame Energie potenziert und es geschieht eine stärkere Resonanz für die gesamte Aufgabe des Planeten mit seinen Lebewesen. Dualseelen haben eine gigantische gemeinsame Energie, sofern sie ungehindert fließen darf.

Darum verbinde Dich, geliebtes Wesen, aus Deinem Herzen heraus mit Deiner Dualseele. Bitte um die ganzheitliche Vereinigung auf allen Ebenen und allen Daseinsformen und es wird geschehen. Alle Engel unterstützen Dich dabei, sofern Du aus einem reinen Herzen bereit bist, Dich Eurer gemeinsamen Energie hinzugeben. Es bedarf einer großen geistigen Reife, sich so ins Unbekannte und trotzdem absolut Vertraute zu begeben. Hab keine Angst, denn es wird daraus nur Gutes geschehen. Gehe offenen Herzens und demütig in Dich und bitte um die Vereinigung Eurer Dualseelen. Sofern beide bereit sind, wird es geschehen und Du wirst es unmissverständlich spüren. Der Prozess, sich Deinem Dualseelenpartner, der in der geistigen Welt ist, hinzugeben, ist meist klarer und leichter, weil er sich nicht mehr mit irdischen Grenzen und Gesetzen beschäftigt, sondern Dich freudig und liebevoll willkommen heißt. Es ist ein Akt, der Dich ganz sein lässt. Du wirst dadurch alle Seelenanteile in Dir integrieren und somit die Energie des Ganzseins, des ALL-EINS-SEINS in Dir tragen und ausstrahlen. Sie wird sich durch Dich immer mehr ausbreiten können und es anderen Dualseelen erleichtern, sich zueinander zu bekennen.

Je mehr Licht- und Energiepunkte hier gesetzt sind, umso heller wird es und Ihr findet alle leichter ins Licht. Die große Transformation der dunklen Energie steht bald an.

Die Vereinigung mit Deiner Dualseele wird ein Prozess sein, den Du sehr bewusst wahrnimmst; es wird sich neu und trotzdem absolut vertraut anfühlen. Vielleicht brauchst Du anfangs etwas mehr Ruhe um Dich an die neue Energie zu gewöhnen. Gib Dir die Zeit und die Ruhe, doch vernachlässige Dich und Deine Aufgabe nicht. Du wirst einen guten Weg für Dich finden, sofern du um Unterstützung bittest.

Bete täglich dafür, den Impuls für den richtigen Zeitpunkt der Vereinigung zu spüren und nutze die Zeit bis dahin um mit Dir selbst und allem was ist, ins Reine zu kommen. Lerne Frieden und bedingungslose Liebe in Dir zu spüren und diese an alles auszustrahlen. Je besser und leichter Dir das gelingt, umso größer ist die Resonanz-Energie für Eure bewusste Vereinigung. Alles ist gut!

Lerne die Kraft und Liebe aus Dir heraus zu schöpfen und spüre Dich von innen heraus. So bist Du gut geerdet und kannst die gemeinsame Energie am leichtesten in Dir aufnehmen und Dich von ihr erfüllen lassen. Je bewusster Du in Dir, in Deinem Körper bist, umso kräftiger bist Du und umso mehr von dieser für die Bewusstseinserweiterung so wertvollen Energie kannst Du transformieren und weitergeben. Es wird eine neue Generation der Gefühle wie Wertschätzung, Achtsamkeit, Frieden und Liebe hervorgerufen. Je intensiver und je mehr diese Dualseelenenergie hier auf Erden ihren bewussten Raum bekommt um sich zu entfalten, umso leichter wird es der ganze Planet haben, in Frieden den Aufstieg in die nächste Dimension zu schaffen.

Die Manifestationen in einem gesunden Tempo sind die Voraussetzung, dass der Aufstieg gelingt. Es ist an der Zeit, sich des eigenen, wahren Seins bewusst zu werden und zu erkennen, was es an der energetischen gemeinsamen Aufgabe beizutragen gilt.

Oh Mensch erkenne Dich in Deiner Ganzheit, bekenne Dich zu Deiner Ganzheit und lass sie leben. Oh Mensch sprenge die irdischen Grenzen, die Dich einengen und Dir vermitteln wollen, dass es nicht sein darf, diese wahre Liebe zu erfahren und zu leben.

Die Dualseelen, die gemeinsam auf der Erde sind, haben sich für dieses Leben vorgenommen, sich zu begegnen und hier ihre Ganzheit auf Erden zu zelebrieren und die extatische Energie, die durch das Bekennen zueinander entsteht, zu nutzen um Liebe, Frieden und Weisheit in die Welt zu bringen. Durch diese Energie wird das Bewusstsein des ganzen Planeten angehoben und manifestiert.

Nur durch die gelebte Liebe kann dies hier geschehen. Geliebtes Wesen, erkenne Dich in Deiner Ganzheit. Erkenne Dich in Deiner Dualseele und bekenne Dich zu ihr.

Auch wenn Dich diese Begegnung bzw. das Wiedererkennen völlig aus der Bahn zu werfen droht, so bitte Deine Engel um Unterstützung und habe den Mut, Deinem Herzen und Deiner inneren Wahrheit zu vertrauen und Dich der Energie hinzugeben. Wehre Dich nicht dagegen, denn es wird ein Kampf sein, der zum Scheitern verurteilt ist. Es gibt geistige Gesetze, geistige Vereinbarungen, die weit über den irdischen Gesetzen stehen. So vergeude keine Zeit und Energie und bekenne Dich demütig zu Deiner Ganzheit und lebe die gemeinsame Liebe und Energie. Ihr bewirkt damit so etwas Wertvolles, das Euer Verstand gar nicht fassen kann.

Sicher wirst Du sagen: Ja wie soll ich denn meinen Dualseelenpartner auf der Erde überhaupt finden? Und die Frage ist absolut berechtigt. Beginne damit, Deinen Dualseelenpartner auf der geistigen Ebene zu „suchen" und Du wirst erfahren, ob Du ihn dort findest oder ob er auch hier auf Erden inkarniert ist. Vertraue, dass Ihr beide es so vereinbart habt, dass Ihr Euch für die Erfüllung der gemeinsamen Aufgabe finden und auch erkennen werdet. Natürlich kann es sein, dass das dem einen leichter fällt als dem anderen, darum habe Vertrauen und bitte darum, dass Ihr Euch zum richtigen Zeitpunkt beide erinnert und einander erkennt. Und bis dahin beschäftige Dich gut mit Dir selbst und Deiner geistigen und persönlichen Entwicklung. Je selbstverständlicher es für Dich ist, in tiefem Frieden, reiner bedingungsloser Liebe und Wertschätzung für Dich

gebenenfalls aufgeben muss, ist das Ego. Hinzugeben bedeutet, sich als das gemeinsame wahre Sein, in der Ganzheit anzuerkennen und bedingungslos zu lieben. Vielleicht hört sich das für Dich jetzt so an, als ob Du das nie erfüllen könntest, doch wir sagten Dir, wenn Du Deine Prüfungen geschafft hast, und offenen Herzens bereit bist, Deine Seelenaufgabe hier zu erfüllen, werdet Ihr es gemeinsam schaffen und die gemeinsame Erleuchtung hier leben. Euer Sein wird Licht, Liebe und Freude darstellen und Ihr werdet daraus Eure Aufgabe leben. Geliebtes Wesen, bekenne Dich zu Dir und zu Deiner Ganzheit. Sei willkommen im ALL-EINS-SEIN und fürchte Dich nicht.

Gehe Deinen Weg voll Vertrauen und bedenke, dass wir Dich unterstützen und führen. Es ist eine große Freude und eine wertvolle Bestätigung für Deine Reife, wenn Du Deiner Dualseele in diesem Leben begegnest. Es liegt an Euch selbst, ob Ihr Euch zueinander bekennen möchtet oder nicht. Sei Dir bewusst, dass Eure gemeinsame Energie so stark ist, dass sie anfangs schon auch ein Chaos in Deinen Gefühlen entstehen lassen kann. Doch sobald die Vereinigung vollzogen ist und Ihr Euch zu Euch und zu Eurer Ganzheit bekannt habt, gibt es nichts, was Euch mehr voneinander trennen kann, denn die Liebe ist untrennbar.

Stell Dir zwei große starke Magnete vor. Wenn die richtigen Seiten zueinander zeigen, ist die Anziehungskraft enorm und die gemeinsame Energie gigantisch. Die anderen Seiten stoßen sich ab und wenn sie beide weit genug voneinander entfernt nebeneinander liegen, passiert gar nichts. Was bedeutet das für Dualseelenpaare hier auf Erden?

Jeder schwebt ja in seinem Leben für sich durch das Leben und, sofern die Zeit reif ist, begegnet er seinem zweiten Teil. Das ist natürlich erst mal ganz ungeheuerlich und die Normalität wird auf den Kopf gestellt. Die gemeinsame Energie und Anziehungskraft wird gespürt und entweder gerne bereitwillig gelebt, weil die Rahmenumstände so gut sind, dass es für beide einfach passt, wenn sie sich vereinigen. Doch das ist nur sehr selten der Fall; meist dann, wenn ein sehr großer Altersunterschied da ist. Normalerweise ist es so, dass diese starke Energie nicht gleich zugeordnet werden kann und Ihr Euch verhaltet, wie zwei Magnete, die mit der falschen Seite zueinander liegen und sich abstoßen. Trotzdem werdet Ihr immer und immer wieder diese gemeinsame Energie spüren, auch wenn Ihr Euch dagegen wehrt, weil Ihr meint, dass das nach den irdischen Gesetzen nicht sein darf, so tief für einen anderen Menschen (als z. B. den eigenen Lebenspartner) zu empfinden. Geliebtes Wesen, und das verstehen wir hier sehr gut und spricht ja auch für Dich und Dein Verantwortungsbewusstsein für Deine Lieben hier auf Erden. Doch die Wahrheit bleibt immer die Wahrheit und es liegt an Dir selbst, ob Du bereit bist, mit unserer Hilfe einen Weg zu finden, wie Du Deine Seelenaufgabe hier erfüllen kannst. Wir sagen nicht, dass Du Deine Familie aufgeben und Dich von Deinem Partner trennen sollst. Wir sagen Dir allerdings aus unserer tiefsten Liebe heraus, dass es sehr wichtig ist, Dich an Dein Seelenversprechen zu erinnern und Dich zu Deiner Dualseele zu bekennen, sofern Du zu den Menschen gehörst, die hier auf Erden den Dualseelenpartner gefunden haben. Wir wissen natürlich, dass genau das ein viel schwerwiegenderer Schritt ist, als sich mit der Dualseele zu vereinigen, die hier in der geistigen Welt ist. Doch vertraue uns, dass wir Dich gut vorbereitet haben, und Dir erst Deinen Dualseelenpartner geschickt haben, als Du auch in der Lage dazu warst, mit der ganzen Situation gut umzugehen und einen Weg zu finden, wie Du Dein Seelenversprechen einhalten und Deine Seelenaufgabe erfüllen kannst.

Doch nimm bitte auch aus unseren Worten an Dich mit, dass es Dein freier Wille ist, ob Du den geistigen Wahrheiten und Gesetzen mehr vertraust als den irdischen; und ob Du Dich gegen Deine innere Wahrheit wehrst und von Deiner Dualseele abwendest. Es mag Dir vielleicht als der einfachere Weg erscheinen, doch dem ist nur kurzfristig so. Bedenke, dass Du eine Seelenaufgabe hier zu erfüllen hast, die Du voll Liebe und Wertschätzung dankbar annehmen darfst. Je mehr Liebe und Wertschätzung Du diesem göttlichen Geschenk gibst, umso leichter wird Eure Vereinigung für Euch und alle Beteiligten sein. Und nochmals: Es geht nicht darum, Deinen Lebenspartner zu verlassen, sofern Ihr beide wirklich aus aufrichtigem Herzen glücklich miteinander seid (oder vielleicht habt Ihr noch gemeinsame Themen aus früheren Leben zu lösen und seid deswegen zusammen), sondern es geht darum, sich zu Deinem Dualseelenpartner, zu Deiner Ganzheit, zu bekennen und einen Weg zu finden, wie Ihr Eure gemeinsame Energie der Liebe so intensiv wie möglich fließen lassen könnt.

Bete täglich um unsere Unterstützung und um Deinen Mut und wir führen Dich und Deine Lieben. Oh Mensch erkenne den Teil, der Dich ganz macht! Erkenne Dein wahres Sein. Unterstütze durch Dein Ganzsein den Prozess zum ALL-EINS-SEIN.

Das neue Zeitalter braucht emotionale Beweglichkeit und da passen die irdischen Gesetze nicht mehr. „Liebe Deinen Nächsten wie Dich selbst" – hat Jesus gesagt. Viele Menschen arbeiten an ihrer Eigenliebe und machen große Fortschritte, was uns sehr erfreut. Das bedeutet auch, dass der nächste mehr und anders geliebt werden kann und dazu ist es notwendig, dass unsere Emotionen viel beweglicher sind. Starrheit und sich einengen lassen in gesellschaftliche Verpflichtungen passen nicht mehr in die neue Zeit. Es hat nichts mit Untreue zu tun, wenn Du für einen anderen Menschen eine sehr tiefe Liebe empfindest; eine viel tiefere Liebe als zu Deinem Lebenspartner. Und Du dann auch noch lieber mit diesem Menschen Zeit verbringen möchtest und Ihr Euch so nahe wie möglich sein wollt. Das ist die Anhebung der Energie, die dieses Gefühl bewirkt und das ist gut so. Natürlich sollen diese Worte kein Freibrief sein um von einem Bett in das nächste zu springen. Nein, es soll nur eine Balance entstehen zwischen den starren irdischen Regeln und dem, was Eure Herzen empfinden, denn das ist die geistige Wahrheit und die gilt es zu leben. Gefühle der Liebe zu unterdrücken und zu verhindern, dass Liebe fließen darf, ist Sünde (sofern wir dieses Wort verwenden möchten).

Erkenne Dich in mir!

Mein geliebtes Sein, mein zweiter Teil, der mich ganz macht, ich erkenne Dich und bekenne mich zu Dir.

Somit bekenne ich mich auch zu mir.

Erkenne Dich in mir!

Die Wahrheit ist immer die Wahrheit, und ich habe jetzt den Mut, unsere Liebe zu leben.

Ich nehme demütig und dankbar unser göttliches Geschenk an und bekenne mich zu meiner Ganzheit, zu meiner wahren Liebe in allen Facetten.

Es ist mein Beitrag und meine Hilfe für die Menschen, unsere gemeinsame Energie der Liebe fließen zu lassen.

Zum Wohle aller und zum Ruhme Gottes.
So sei es!

Bewusstsein über die Wirkung der Dualseelen-Energie

Die Energie der Dualseelen hat eine enorme Wirkung auf unser Bewusstsein. Jeder Mensch, jedes Wesen, das mit einer „vereinten" Dualseele Berührung hat, ist tief gesegnet und erhöht sich durch die Schwingung, die von der vereinten Dualseele ausgeht.

Diese Liebe, diese Kraft, diese heilige Energie des Ankommens, des Ganzseins ist ein Nährboden für die Potenziale, die in den Menschen und in allen Wesen dieser Erde stecken. Die vereinte Dualseelen-Energie heilt Verletzungen, löst Blockaden und öffnet die Herzen.

Je mehr Dualseelen sich hier auf diesem Planeten wieder finden und erkennen, umso größer wird der gemeinsame Energiekreis, und die Anhebung des ganzen Planeten wird zu einem vorbestimmten Zeitpunkt erfolgen.

Geliebte Erdenkinder, Ihr lebt in einer sehr bewegten Zeit, wo sich viel verändert, neue Werte gelebt werden, in der es für manche rasant schnell in ihrer Entwicklung vorwärts geht und andere sich noch sehr dagegen wehren. Seid Euch bewusst, dass die Anhebung des Bewusstseins stattfinden wird, egal, wie weit Ihr bis dahin seid. Darum freut Euch über alle Entwicklungsstufen und spürt hin, was Eure Seele Euch sagen will.

Seid Euch bewusst, dass es ein kollektives Bewusstsein gibt, das sich ständig weiterentwickelt und verändert. Ihr seid alle Teil dieses Bewusstseins. Darum werden manche Menschen, die nicht sehr bewusst an sich arbeiten, trotzdem in die Entwicklung integriert. Diese Menschen stellen dann plötzlich fest, dass sie innerlich ruhiger und ausgeglichener geworden sind und irgendwie auch liebevoller. Sie führen es dann oftmals auf das zunehmende „Alter" zurück. Doch die Seele eines jeden Menschen ist bestrebt, ihr Potenzial zum Ausdruck zu bringen. Alles, was Ihr für Euch und Eure Entwicklung tut, tut Ihr auch für den ganzen Planeten.

Stellt Euch diese Kollektivenergie vor wie eine alles überspannende Energieschicht, die mit den guten Gedanken, mit Meditationen, mit positiver Energie, mit Freude, Glückseligkeit und Liebe genährt wird. Diese Energieschicht gilt es so groß wie möglich werden zu lassen. In diese Energieschicht seid Ihr alle integriert. Die geistige Welt unterstützt Euch dabei sehr intensiv, doch es ist Eure Aufgabe diese Energieschicht so stark werden zu lassen, dass sie den ganzen Planeten erhöhen kann. Erkennt Ihr, wie wichtig es ist, positive und liebevolle Energie hier einzubringen? Die negativen Gedanken und Handlungen werden allerdings auch in dieser Schicht verbucht und lassen sie kleiner werden.

Oh Mensch erkenne Deine Macht!

Es gibt viele Lichtarbeiter hier auf Erden und die ganze Tier- und Pflanzenwelt nährt auch diesen Energiekreis, diese Energieschicht um die Erde. Das ist eine sehr wertvolle und wichtige Aufgabe der Tiere und Pflanzen, denn sie tragen – sofern sie in Frieden leben dürfen und der Mensch sie nicht quält – ganz enorm dazu bei, diese Energieschicht mit guten und wertvollen Schwingungen zu versorgen. Ihr solltet der ganzen Natur und den Tieren größte Wertschätzung dafür geben. Auch Kinder mit ihren reinen Gedanken bereichern nicht nur Eure Herzen, sondern sie nähren die für uns alle so wichtige Energieschicht.

Vielleicht könnt Ihr Euch das so vorstellen, dass von jedem Wesen eine Lichtsäule als Verbindung zu einer Energieschicht besteht, die den ganzen Planeten einhüllt. Durch diese Verbindung kommt entweder Licht in diese kollektive Energieschicht, oder es wird daraus Energie durch negatives Handeln und Denken abgezogen. Darum liebe Dich und Deine guten Gedanken. Sie sind nicht nur für Dich und Deine Gesundheit wichtig und wertvoll, sondern damit trägst Du enorm zur Weiterentwicklung des Planeten bei. Der Planet wird aufsteigen in eine neue Dimension. Die Frage ist nur, wie wird er dort ankommen?

Je größer und kräftiger diese Energieschicht ist, umso sicherer und wohlbehaltener wird der Aufstieg geschehen. Es wird eine Transformation des Bewusstseins geschehen, und dafür wird diese Energieschicht benötigt, damit die „neue Welt" das neue Bewusstsein nach dem Aufstieg mit den Werten und Energien entstehen kann, die in dieser Bewusstseinsschicht gespeichert sind. Darum erkennt die Wichtigkeit des liebevollen, wertschätzenden und klaren Umgangs mit Euch selbst und mit allem was ist.

Seid Euch darüber im Klaren und sehr bewusst, dass Ihr aus Eurem gemeinsamen Reservoir, das für Euch alle so wichtig ist, wertvolle Energie verschwendet, in dem Ihr negative Gedanken und Gefühle und Handlungen ausübt. Stellt Euch ein lebenswichtiges Trinkwasserbecken in der Wüste vor, das gefüllt werden muss, damit die Menschen die nächste große Dürreperiode überleben. Da ist es doch ganz logisch, dass jeder so viel Wasser wie möglich sammelt, morgens den Tau von den Blättern in ein Gefäß füllt um das Becken damit zu füllen. Würde da jemand auf die Idee kommen, diese Kostbarkeit, die das Überleben sichert, zu verschwenden, indem er es einfach so gedankenlos verschüttet? Sicher nicht – alle würden fleißig Wassersammeln um so viel wie möglich in ihrem Becken zu haben um die Dürre zu überleben.

Kommen wir zurück zu unseren Dualseelen. Die Energie von zwei sich vereinten Dualseelen auf dieser Erde ist so hoch, dass eine gigantische Ladung an wichtiger und positiver nährender Energie in unsere Energieschicht gelangt. Das, was eine vereinte Dualseele, die mit sich komplett im Reinen und in der Liebe ist, für diese Aufgabe erfüllen kann ist enorm und von unschätzbarem Wert. Wir sehen, dass sich hier auf Erden immer mehr Dualseelen erkennen und die größten Schwierigkeiten miteinander haben. Das bedauern wir sehr, denn es wäre so einfach dieses Geschenk des Erkennens positiv zu leben. Ihr seid hier so verstrickt in irgendwelche Abhängigkeiten, in irdische Gesetze, darin, was sein darf und was nicht. Wir bitten Euch auf diesem Weg Euer wahres Sein zu erkennen und Eurem Herzen, Eurer Seele zu vertrauen. Die Egos sind oft so stark, dass sie die gemeinsame Seelenenergie total blockieren. Geliebte Wesen auf Erden – das muss nicht sein, denn die Liebe ist Euer wahres Lebenselixier und Ihr tragt es in Euch. Warum nur macht Ihr Euch so abhängig von irgendwelchen selbst erschaffenen Ängsten und Verhaltensmustern?

Erkennt Euer wahres Sein. Ihr seid Licht und Liebe und eine reife Seele in einem Körper hier auf Erden. Warum begrenzt Ihr Euer Sein, indem Ihr nicht geschehen lasst, was Euer Herz Euch sagt? Natürlich verstehen wir auch einige Eurer Probleme und Ängste, doch seid Euch gewiss, dass Ihr Euch hier nicht wieder gefunden hättet, wenn es nicht auch einen Weg geben würde, wie Ihr zueinander findet und Eure Seelenaufgabe erfüllen könnt. Erkennt Ihr inzwischen die Wichtigkeit Eurer gemeinsamen Energie? Und die Dualseelenenergie ist so mächtig, dass sie aus der Energieschicht auch nicht mehr abgezapft werden kann. Sie ist dort manifestiert und bleibt – egal, wie viel Energie noch für Negatives aus der Schicht heraus fließt.

Liebe Menschenkinder, Ihr werdet Euch sicher fragen, wie Ihr dazu beitragen könnt, diese Energieschicht zu vergrößern. Wir sagen Euch, dass Ihr das am besten tut, in dem Ihr sehr liebevoll, wertschätzend und achtsam mit Euch selbst und allen Lebewesen einschließlich Eurer wunderschönen Erde umgeht. Hört auf Euch selbst so viel Stress aufzuladen, von einem Termin zum nächsten zu hetzen und gar nicht bei Euch selbst zu sein. Hört auf Euch immer mehr Verpflichtungen aufzubürden, sondern nutzt die Zeit lieber um Eure Arbeiten und Aufgaben sehr effizient zu gestalten. Das gelingt Euch immer leichter, je mehr Ihr in Euch, in Euren Herzen seid. Die Zeit, die Ihr für Meditationen, Bewusstseinsübungen, Yoga, Spaziergänge in der Natur und ähnliches verwendet, ist eine der wichtigsten Tätigkeiten des Tages und Ihr werdet dadurch viel effizienter Eure alltäglichen weltlichen Aufgaben verrichten können.

Hast Du schon mal erlebt, dass Dir eine Arbeit sehr leicht gefallen ist und Du sehr schnell fertig gewesen bist, weil Du sie aus Liebe und mit Freude getan hast? Und ist Dir schon mal aufgefallen, dass die gleiche Arbeit viel mehr Zeit und Energie von Dir forderte, weil Du mit den Gedanken irgendwo warst, gestresst und genervt warst? Das ist eine klare Botschaft, erst inne zu halten, wieder zu Dir zu kommen und dann erst Deine Arbeit weiter zu verrichten. Es kommt bei allem, was Du tust darauf an, mit welcher Einstellung, mit welcher Energie Du es tust. Eine liebevoll ausgeführte Arbeit wird Dir viel Positives bringen und umgekehrt. Ihr sagt ja, wenn ein Essen lecker schmeckt, dass es mit viel Liebe gekocht wurde. Und das ist die Wahrheit. Je bewusster Ihr werdet umso genauer werdet Ihr spüren, welche Energie in Eurem Essen ist, welche Energie Euch ein Buch schenkt, mit welcher Energie ein Haus gebaut wurde, ein Blumenstrauß gebunden ist usw.

Geliebtes Sein,

geliebtes Leben hier auf Erden – welch Geschenk!

Es erfüllt mich mit Frieden und Dankbarkeit, den Wert und die Bedeutung dieses Geschenks des Lebens so klar zu erkennen.

Ich bin zutiefst dankbar für all die Erkenntnisse und Erfahrungen, die mich bis hierher gebracht haben.

Ich bin im Licht und habe einen wunderbaren Körper. Ich habe wunderbare „Bedingungen" in diesem Leben.

Ich spüre so ein tiefes Vertrauen und eine tiefe Sicherheit, dass sich alles weiter und noch positiver entwickeln wird, weil der Nährboden die reine Liebe und göttlicher Frieden ist.

Ich weiß, dass ich meine Lebensaufgabe bestmöglich erfülle, indem ich gut für mich sorge und diese göttliche Energie der reinen bedingungslosen Liebe mit all ihren Facetten hier auf Erden manifestiere. Und das ist zum Wohle aller.

ICH BIN!

Zusammenarbeit zwischen der geistigen und der irdischen Welt

Die Natur ist eine wertvolle Umgebung um zu lernen wie sich Energien anfühlen. Ihr braucht diese Fähigkeit um Eure Dualseele zu erkennen. In der Natur ist reine Schöpferenergie – sofern nicht gerade Rodungsarbeiten oder ähnliches im Gange sind. Spüre, wie es sich anfühlt im Wald zu sein, auf einer Wiese zu sitzen, einen Baum zu berühren.

Lerne, Dich mit der Natur zu verbinden und die Energien wahrzunehmen. Das ist eine gute Übung um Dein Bewusstsein zu trainieren. Am besten nimmst Du Dir dafür täglich Zeit. Es muss nicht immer gleich die große Wanderung sein, es genügt auch, wenn Du versuchst, die Energie Deiner Zimmerpflanze oder Deiner Balkonblumen zu spüren. Stärke Deine Wahrnehmungsfähigkeit und trainiere, Energien zu spüren.

Bitte dafür täglich um höchsten, göttlichen Schutz, um Führung und um Erkenntnis und bedanke Dich dafür. Sei fest verwurzelt auf der Erde und Dir Deines irdischen Körpers sehr bewusst.

Versuche und trainiere auch, Deinen Körper von innen heraus zu spüren; beobachte, was eine Bewegung mit Dir macht. Sei ganz bei Dir, wenn Du z. B. Dein Knie anwinkelst und spüre, wie es sich anfühlt.

Wir brauchen Dich in einer guten Balance, denn wenn Du zu wenig geerdet bist, kannst Du alles, was hier auf der Erde stattfindet und für Dich und auch für die geistige Welt wichtig ist, nicht wahrnehmen. Und umgekehrt, brauchen wir Deine Bereitschaft Dich spirituell zu entwickeln. Dazu sind natürlich Meditationen und Gebete von größtem Wert.

Doch setze Dich jetzt bitte nicht unter Druck. Wisse dass Deine Bereitschaft für Deine spirituelle Entwicklung und möglichst täglich kleine bewusste Schritte völlig ausreichen, um Deine Aufgabe heute gut zu erfüllen. Da Du diese Zeilen liest, gehen wir davon aus, dass Du Dir Deiner Spiritualität zu einem gewissen Teil bewusst bist. Bedenke, dass Dein wahres Sein die Liebe, die reine bedingungslose Liebe ist und je mehr Du das annehmen und aus dieser Energie heraus leben kannst, umso größer ist Dein Beitrag für die Gesamtaufgabe.

Es ist wichtig, dass jeder Mensch dazu bereit ist, sich zu seinem wahren Sein Schritt für Schritt hin zu entwickeln. Es bedarf Stille und Achtsamkeit die Impulse in Euren Herzen wahrzunehmen. Und es bedarf tiefster Demut.

Geliebtes Wesen, gehe Deinen Weg in Dein wahres Sein mit mutigem, offenem und bereitem Herzen und sei demütig. Was heißt es, demütig zu sein, wirst Du Dich vielleicht fragen? Es bedeutet, dass Du bereit bist für Deine Lernprozesse und Dich ihnen hingibst. Sei ein Schüler, der seine Lektionen bereitwillig und dankbar lernt, ganz gleich, ob sie ihm gerade gefallen oder nicht. Sei in Frieden mit Dir und dem, was Du lernen darfst und behalte es erst mal für Dich, so dass es sich für Dich als Deine Wahrheit in Dir manifestieren darf. So hast Du eine gute Möglichkeit zu spüren, ob es wirklich aus Deinem Herzen bzw. aus dem göttlichen Ursprung kommt, oder ob es irgendwelche Phantasie-Vorstellungen sind. Beobachte Dich gut und erkenne, was Deine Lektionen aus der geistigen Welt Dir sagen wollen und dann entscheide, was Du davon wie weitergeben möchtest und ob das überhaupt für jemand anderen wichtig ist. Sei sehr verantwortungsvoll mit all Deinen Erkenntnissen, denn es bedarf einer hohen geistigen Reife mit diesem Wissen, das Dir die geistige Welt schenkt, auch verantwortungsbewusst umzugehen.

Es gilt nicht, sich mit spirituellem Wissen zu profilieren, sondern sehr genau zu überlegen, wie dieses Wissen sinnvoll auf der Erde verwendet werden kann. Es ist eine Zusammenarbeit zwischen der geistigen und der irdischen Welt.

Ihr seid alle hier auf Erden, um Erfahrungen zu machen, Euren Charakter zu stärken, Euren Geist klar und stark zu trainieren, damit Ihr mit dem Wissen, das wir Euch vermitteln sinnvoll und bewusst einen Beitrag für die Entwicklung auf Erden leisten könnt. Das bedeutet, dass es Deine Aufgabe ist, die Unterweisungen und Erkenntnisse, die Du von uns bekommst, erst mal für Dich zu nutzen und dann zu schauen, wie Du sie zum Wohle aller positiv weitergeben kannst. Das kann in Form von Gesprächen, guten Gedanken, Meditationen, Singen, Tanzen und einfach nur Deinem Verhalten sein. Vielleicht bist Du ja auch als Lehrer tätig und dann darfst Du natürlich das, was Du verantworten kannst, gerne so weitergeben, dass es die Menschen, die Dir zuhören annehmen und daraus weiter wachsen können. Begib Dich mit dem, was Du zu sagen hast, immer auf die Ebene, wo Deine Zuhörer Dich auch verstehen können. Bitte immer um unsere Unterstützung, und sie wird Dir gewährt.

Sei Dir Deiner Aufgabe bewusst und gehe verantwortungsvoll mit Dir und allen Wesen um. Wir danken Dir!

Meine Liebe in mir,

ich trage die Quelle des Seins in mir.

Die Quelle der schöpferischen Kraft sprudelt immer, so dass viel mehr Energie und Lebenskraft da ist, als ich brauche.

Ich vertraue, dass ich diese kostbare Lebenskraft nutze, um meine Lebensaufgabe bestmöglich zu erfüllen und in Liebe und Frieden dieses Leben glücklich zu genießen.

Alles ist gut, so wie es ist.

Liebe und Natur

Die Energie in der Natur ist von unschätzbarem Wert, denn sie hilft uns, unsere eigene Christusenergie in uns zu nähren und wachsen zu lassen. In der Natur herrscht Friede, sofern der Mensch nichts Gegenteiliges dort tut. Indem wir immer mehr in die Stille gehen und in unser wahres Selbst eintauchen, können wir klarer und leichter die unterschiedlichen Energien wahrnehmen und entscheiden, was uns gut tut und was wir lieber meiden sollen.

Je nachdem, wie stark wir selbst sind, kann es uns auch gelingen, negative Energien, die wir wahrnehmen, zu transformieren. Doch das ist nicht unsere Hauptaufgabe. Viel wichtiger ist es, die positiven Energien von Liebe, Friede, Freude, Vertrauen, Dankbarkeit, Glückseligkeit und Zuversicht zu kultivieren, damit diese wachsen und sich manifestieren, denn dann werden sich auch die negativen Energien automatisch verwandeln oder auflösen.

Oh Mensch erkenne die wahre Kraft und Macht in Dir. Erkenne die Macht der bedingungslosen Liebe; sie steckt in Dir und Du hast das Wissen darüber und die Weisheit, diese Macht der bedingungslosen Liebe zum Wohle aller zu leben. Vertraue auf Dich und Deine Göttlichkeit.

Du stellst Dir vielleicht die Frage, wie Du es schaffen sollst, diese bedingungslose Liebe in Dir zu leben und dadurch die Macht der bedingungslosen Liebe zu nutzen.

Der erste Schritt ist, Dir überhaupt darüber bewusst zu sein, dass Du – und auch jeder andere Mensch, jedes Wesen – diese Macht in sich trägt. Nun gilt es diese Kraft in Dir zu nähren und sie kräftig werden zu lassen. Dazu bedarf es viel Demut und konsequenter Arbeit an Dir selbst. Der Weg geht über die Eigenliebe zur Nächstenliebe. Lerne Dich selbst – so wie Du bist – anzunehmen, wertzuschätzen und bedingungslos zu lieben. Damit sagen wir nicht, dass es an Dir und Deinen Charaktereigenschaften, an Deinem Verhalten oder an Deiner Persönlichkeitsentwicklung nichts mehr zu tun gibt. Nein, wir sagen nur, dass Du Dich so wie Du jetzt gerade bist liebevoll annimmst und natürlich Dir auch die Frage stellst: „Was kann ich an mir noch weiter trainieren, wo kann ich noch besser werden, wo noch gütiger sein, noch wertschätzender, dankbarer, klarer und liebevoller?“

Wir sehen, dass sich sehr viele Menschen die meiste Zeit selbst verurteilen, nieder machen, an sich zweifeln und ihr Licht unter den Scheffel stellen. Doch wie soll Euer Licht andere erhellen, wenn Ihr es selbst nicht leuchten lasst?

Darum lerne Dich selbst jeden Tag ein kleines bisschen mehr so anzunehmen, wertzuschätzen und zu lieben, wie Du gerade bist. Es möge Dir täglich etwas besser gelingen. Indem Du mehr Verständnis und Liebe für Dich empfindest, wirst Du spüren, dass es Dir auch leichter fällt, anderen Menschen liebevoller und wertfreier zu begegnen. Damit hast Du den zweiten wichtigen Schritt geschafft. Nun hege und pflege diese liebevolle und wertschätzende Energie in Dir und gib ihr Raum zum Leben. Freue Dich über jeden Augenblick, in dem Du diese Liebe empfindest und lass sie so oft wie möglich am Tage ganz bewusst durch Deinen Körper fließen.

Stelle Dir vor, wie das göttliche Licht der bedingungslosen Liebe durch Dein Kronenchakra in Dich einfließt, durch Deinen Körper fließt und durch Deine Füße in die Erde. Mutter Erde kann alles, was durch Deine Reinigung bei ihr gelandet ist gut umwandeln. So wie ein Baum auch die schlechte Luft in gute verwandelt.

Nun beobachte, was aus Deinen Gedanken, die aus der Energie der reinen bedingungslosen Liebe stammen, in dieser Welt entstehen darf. Je mehr Du die Zusammenhänge Deiner Gedanken mit den Auswirkungen in Deinem Leben erkennen und verstehen lernst, umso klarer wirst Du auch die Macht der bedingungslosen Liebe kennen und ehrfürchtig wertschätzen lernen.

Lass uns zu unserer Dualseelen-Energie zurückkommen. Nun stell Dir vor, dass nicht nur Du so intensiv an Dir und Deiner Eigenliebe, Nächstenliebe und der bedingungslosen wertfreien Liebe ganz generell gearbeitet hast, sondern auch Deine Dualseele. Und Ihr begegnet Euch mit diesen wertvollen, wunderbaren Fähigkeiten, und Ihr bekennt Euch zu Eurem Einssein. Was glaubst Du, was mit dieser gemeinsamen Energie, die seit Anbeginn allen Seins zusammen gehört, erreicht werden kann? Wenn diese Energien sich vereinen dürfen und als das Kostbarste von Euch beiden wertgeschätzt wird – welche Kraft und welche Macht der bedingungslosen Liebe hier freigesetzt wird? Jesus sagte: „Worum zwei oder mehr in meinem Namen bitten, das möge geschehen." Damit meinte er: wenn zwei noch getrennte Seelen sich zu ihren Dualseelenpartnern bekennen und sich ihre Energien zu ihrer Ganzheit zusammenfinden dürfen, und sie in seinem Namen bitten, wird alles geschehen, was dem göttlichen Plan entspricht. Wir sind auf dem Weg ins ALL-EINS-SEIN – ist es da nicht logisch, dass die Seelenteile, die sowieso EINS sind, sich wieder finden, zueinander bekennen und vereinigen?

Sofern es Dir gelingt, geliebtes Wesen, Deine Eigenliebe und Nächstenliebe zu leben, Du darin täglich Fortschritte machst, und es sein darf, dass Du Deinen Dualseelenpartner findest, werdet Ihr beide eine wichtige Aufgabe zu erfüllen haben, denn sonst würdet Ihr Euch nicht begegnen. Vertraue auch, dass es zum richtigen Zeitpunkt geschieht, sofern es für Dich so vorbestimmt ist. Das bedeutet, Du brauchst Dich nicht krampfhaft auf die Suche machen und in jedem Menschen, der Dir sympathisch oder ähnlich ist, oder der Dir vertraut vorkommt, Deinen Dualseelenpartner zu sehen. Vertraue, dass die Botschaft klar und eindeutig ist. Es kann auch sein, dass sie erst mal nur einer von Euch beiden empfängt und der andere davon nichts mitbekommt. Doch auch hier vertraue, dass Ihr beide die klare Botschaft zur richtigen Zeit bekommt und Eure Verbindung spüren werdet.

Habt keine Angst vor allem, was nun kommen möchte – Ihr habt Euren freien Willen und könnt Euch Euer Leben nach wie vor so gestalten, wie es für Euch richtig ist. Was Ihr allerdings nicht anzweifeln dürft, ist Euer Einssein. Erlaubt Euch beide, Euch dazu zu bekennen, erkennt die Kostbarkeit daran und lasst in einem liebevollen Ritual Eure Seelen wieder verschmelzen zu Eurem wahren Sein. Spürt die gemeinsame Energie der reinen und bedingungslosen Liebe, die Euer Sein ausmacht und manifestiert diese Energie in jeder Eurer Körperzellen. Pflegt und wertschätzt sie als ein göttliches Geschenk. Es ist eine andere Ebene als die einer normalen irdischen Partnerschaft. Es ist die göttliche Vereinigung, die der Mensch nicht trennen darf, indem er seine Ganzheit leugnet und meint, dass es hier auf Erden nicht sein darf so tief für einen anderen Menschen zu empfinden. Begegnet Euch in tiefem Frieden und reinster Herzensliebe. Lasst sie leben und nehmt diese Energie in Euren Alltag mit, tragt sie in die Welt und lasst sie leben. Es ist ein Bewusstseinszustand, den Ihr damit gemeinsam erreichen könnt. Von diesem erhöhten Bewusstseinszustand könnt Ihr diese gemeinsame Macht der bedingungslosen Liebe in einer ganz anderen Dimension zum Wohle des Ganzen einsetzen. Wir wissen, dass Euer menschlicher Verstand sich das nicht vorstellen kann, weil es ja nicht greifbar ist. Doch wir sagen Euch, dass Ihr auf Euer Herz vertrauen dürft und nicht auf Eure irdischen und gesellschaftlichen Gesetze und Verpflichtungen.

Nochmals kurz zur Erinnerung: Sich zu seiner Dualseele zu bekennen bedeutet nicht gleichzeitig sich von seinem Partner zu trennen, fremd zu gehen oder ähnliches. Es erfordert eine hohe Reife, den Unterschied zu spüren. Das eine ist eine weltliche Partnerschaft mit all den Vorteilen und auch Themen, die es zu lösen und zu lernen gibt. Und das andere ist eine göttliche Vereinigung, die seit Anbeginn allen Seins sowieso besteht. Nur, als Ihr durch den Tunnel des Vergessens gegangen seid, habt Ihr diese Wahrheit verloren. Doch inzwischen ist die Zeit reif, dass Ihr Euch wieder daran erinnert und zu Eurer gemeinsamen Aufgabe bekennt. Der Planet braucht Eure Energie um den Aufstieg in die nächste Dimension zu bewältigen.

Lasst die Seelen wieder EINS werden indem Ihr Euch aus der bedingungslosen Liebe heraus zueinander bekennt und aus der gemeinsamen Seelenenergie schöpft. Achtet, ehrt und wertschätzt Euch als das Kostbarste, was Euch dieses Universum geben kann. Lasst Eure gemeinsame Energie – die Energie der bedingungslosen Liebe aus der Ganzheit heraus – in all Eure Gedanken und Euer Tun einfließen und Ihr werdet Wunderbares erleben und ein wahrer Segen sein. Es ist eine für Euch noch ungeahnte Dimension in die Ihr Euch dadurch begebt. Doch fürchtet Euch nicht – wir sind bei Euch und unterstützen Euch.

Ein in Liebe vereintes Dualseelenpaar, das wertschätzend, liebevoll und sehr achtsam mit sich umgeht, setzt eine unbeschreibliche Energie frei, die die Energieschicht um die Erde so nährt, wie der Regen die Erde nach einer langen Trockenzeit. Je intensiver es den Dualseelenpaaren gelingt in Ihrer gemeinsamen Energie zu sein umso ausgeglichener wird die Gesamtenergie wachsen können. Es ist als ob eine Oase in der Wüste entsteht, die regelmäßig mit Wasser, Wärme, Sonne etc. versorgt wird, so dass alles ausgezeichnet wächst und gedeiht und neues Leben entsteht. Ein Leben in Frieden, Liebe, Demut und Wertschätzung für die Fülle und die Göttlichkeit.

Geliebtes Sein,

verehre Dich in Deiner Ganzheit.
Liebe Dich für alles, was ist, war und sein wird.

Bewerte nicht, aber schau genau hin. Indem Du das, was ist, genau und trotzdem wertfrei betrachtest, erhebst Du Dich über Dein Ego. Damit kann es nicht umgehen und darum meldet es sich immer mal wieder, bis es endgültig weiß, dass in allem die göttliche Weisheit ist.

Du schaffst diese wichtige Prüfung in der Du Dich gerade befindest und wirst auch darin die allumfassende Liebe erkennen.

Bleib Dir und Deiner Wahrheit/Weisheit treu. Alles ist gut.

Lebe aus Deiner inneren Fülle und da diese gigantisch groß ist, wird sie sich auch im Außen noch deutlicher und stärker zeigen.

Sei das Licht, die Liebe und die Fülle. Und erlaube Dir auch mal traurig und erschöpft zu sein, doch bewerte es nicht. Es ist, wie es gerade ist, geliebtes Kind hier auf Erden, das sich mutig allen Aufgaben stellt und die geistige Weisheit verkörpert und lebt.

Gib weiterhin täglich Dein Bestes und das Ergebnis kommt – vertraue!

Entdecke die Ganzheit in Dir selbst

Wir möchten unsere Botschaften auf die Erde bringen, weil die Zeit reif ist, den Menschen neue spirituelle Blickpunkte zu geben, damit eine Weiterentwicklung leichter stattfinden kann.

Die Seelen auf der Erde sind inkarniert um ihre Erfahrungen zu sammeln, um Lernprozesse zu laufen und um ihre Aufgabe zu erfüllen und um ihren Beitrag zu leisten. Das Ziel dieses „Spiels" hier auf Erden ist es, die Ganzheit in sich selbst zu entdecken. Sofern das geschieht, dass jedes Wesen sich demütig und liebevoll in seiner Vollkommenheit und Ganzheit erkennt UND das auch dankbar annehmen kann, darf die Vereinigung zum ALL-EINS-SEIN stattfinden. Je mehr Menschen hier ihre Vollkommenheit erkennen und sich als Teil des Ganzen vollständig fühlen, umso leichter wird es für alle diesen Weg zu gehen. Jedes Wesen, jeder Mensch, der zu seiner Vollkommenheit zu seiner Erleuchtung gelangt ist, ist ein Führer ins Licht. Er bereitet Lichtwege und setzt Lichtpunkte, die allen anderen, die auf ihrem Weg zur Ganzheit, zur Erleuchtung sind, helfen, den Weg zu finden.

Die Wege jedes einzelnen sind sehr unterschiedlich, doch das Ziel ist bei Euch allen das gleiche. Die Arbeit an der eigenen Persönlichkeit gehört sehr pflichtbewusst und auch mit Freude getan. Es bleibt niemandem hier erspart, weil Ihr Euch alle dazu freudig entschieden habt, denn sonst wärt Ihr gar nicht hier auf Erden. Also darum soll es keine Ausreden und Jammereien geben, wie schlecht es doch gerade und ausgerechnet DIR geht. Alles was Ihr hier erleben und erfahren dürft, habt Ihr Euch so vorgenommen. Natürlich habt Ihr auch Euren freien Willen, dem Ihr es recht häufig zu verdanken habt, dass die geplanten Lernprozesse sich verändern und noch heftiger kommen müssen. Je mehr Ihr bei Euch selbst, in Euch, Eurem Körper und Eurer Energie seid, umso leichter könnt Ihr erkennen, was gerade an Wachstum für Euch ansteht und wie es am besten gemeistert werden kann. In Eurer schnelllebigen Zeit mit den vielen Ablenkungen und selbst auferlegten Verpflichtungen nehmt Ihr Euch viel zu wenig Zeit und Freiraum um Euch mit Euch selbst zu befassen. Für viele Menschen ist es fast unerträglich, wenn sie einmal längere Zeit schweigend alleine verbringen sollen. Die Angst vor der Stille ist groß, was wir sehr bedauern, denn in der Stille beginnt die Kommunikation mit Eurem Höherführenden Selbst, mit Eurer Göttlichkeit. Ihr findet alle, absolut alle für Euch wichtigen Antworten in Euch selbst. Und Ihr habt Euren freien Willen, mit Euren Antworten und Erkenntnissen das zu tun, was Ihr verantworten könnt und auch umsetzen möchtet.

Geistige Erkenntnisse aus der Kommunikation mit Eurem Höherführenden Selbst, oder mit der geistigen Welt ganz generell, sind für viele von Euch nicht immer leicht anzunehmen, weil diese Botschaften oftmals schwer verständlich sind – sofern Ihr Euren Verstand das Ganze analysieren und einordnen lasst. Es bedarf tiefster Demut und göttlichem Urvertrauen, die geistigen Botschaften in ihrer Klarheit hören zu dürfen und dann auch dementsprechend zu handeln. Darum meine geliebten Erdenkinder seid weise genug auf EURE EIGENEN Herzensbotschaften zu hören und nicht auf Wahrsager oder ähnliches. Diese Menschen können natürlich auch wichtige Informationen für Euch haben, doch bedenkt immer, dass Ihr alle Weisheit in Euch selbst habt und es aus Euch selbst heraus in der Sprache bekommt, die Ihr auch versteht und vor allem, dass Ihr aus Euch selbst heraus auch nur die Informationen bekommt, die jetzt für Euch wichtig sind. Natürlich bedarf es gerade hier der größten Demut und auch der Weisheit genau zu spüren, wann spricht wirklich der göttliche allwissende Teil in Euch und wann melden sich Eure Ängste und tief verinnerlichten Glaubenssätze und gesellschaftlichen Verpflichtungen, die immer gleich zu werten beginnen, was sein darf und was nicht. Es ist ein Training genau zu hören, was Dein Herz spricht, denn es ist meist eine sehr zarte und liebevolle Stimme. Lerne mit dem Herzen zu hören und aus dem Herzen heraus zu handeln. Dein Verstand soll dir helfen, all dies in die Welt zu tragen – denn dazu hast Du ihn. Er ist dazu da, zu überlegen, WIE diese Erkenntnisse und Botschaften in die Welt getragen werden können. Das ist sein Job und nicht zu urteilen, was sein darf und was nicht.

Je mehr Du auf Deine innere Stimme hören kannst, umso schneller wird Dein Entwicklungsprozess sein, weil Du ja die für Dich wichtigen Erkenntnisse sehr klar bekommst. Wenn Du dann auch noch den Mut hast, all das in Deinem Tempo in Dein Leben zu bringen, dann erlebst Du einen gesunden Wachstums- und Entwicklungsprozess.

Kommen wir wieder zu unserer Dualseelen-Energie. Es ist nahe liegend zu erkennen, dass die konsequente Arbeit an der eigenen Persönlichkeit unumgänglich ist, um in den Prozess des Alleinswerdens nicht nur eingebunden zu sein, sondern um hier einen wichtigen Beitrag zu leisten. Nun, was passiert jetzt mit zwei Dualseelen, die sich sehr unterschiedlich entwickeln? Also der eine geht seine Lernprozesse sehr eifrig und diszipliniert und der andere versperrt sich in seinem sich selbst gestalteten Käfig. Auch wenn jede Dualseele hier eigenständig ist, so sind die zwei Dualseelen trotzdem auf immer und ewig miteinander verbunden. Von Anbeginn der Zeit bis in alle Ewigkeit. Das bedeutet, dass jeder Lernprozess der genommen wird, sich immer auf beide auswirkt, weil Ihr ja beide EINS seid und es auf der geistigen Ebene keine Trennung gibt. Auf der geistigen Ebene verarbeitet Ihr beide als eine Seele Eure jeweiligen Erkenntnisse und Lernerfahrungen. Somit profitieren immer beide davon – und das ist gut so, weil Ihr einfach EINS seid.

Genauso verhält es sich übrigens auch mit Eurer – ja nennen wir es mal „Lebensenergie". Wenn der eine sehr viel Raubbau mit sich, seiner Gesundheit, seiner Energie betreibt und nicht gut für sich sorgt, bekommt das auch der andere ab, weil Ihr energetisch verbunden und eine Einheit seid. Das ist wie mit einem gemeinsamen Konto. Wenn beide sorgsam mit dem gemeinsamen Geld umgehen, und beide immer wieder Geld auf das gemeinsame Konto einzahlen, wird sich immer mehr Guthaben ansammeln. Wenn aber einer über seine Maße hinweg Geld nur rausnimmt und nur ganz wenig einbringt, so kann der andere das nicht auffangen und das Konto wird über kurz oder lang ins Minus geraten.

Mit der Dualseelenenergie ist es genauso. Darum ist es auch für die Dualseelen, die beide auf der Erde inkarniert sind, meistens sehr schwierig zu erkennen, warum sich etwas gerade so anfühlt wie es sich eben anfühlt. Da Ihr immer miteinander verbunden seid – ganz gleich, ob Ihr Euch kennt oder nicht und ganz gleich, ob Ihr auf völlig verschiedenen Kontinenten lebt und gar nichts voneinander wisst. Eure Seelenverbindung und gemeinsame Energie ist trotzdem EINS. Und jetzt dürft Ihr auch erkennen, dass es niemals egoistisch sein kann, gut für sich selbst zu sorgen – wir meinen damit nicht Trägheit und Trübsal und Faulheit fördern, sondern wir meinen damit, wertschätzend und achtsam mit sich und seiner Gesundheit und seiner eigenen Energie umzugehen, denn Eure Dualseele ist damit immer auch betroffen. Wenn Ihr schlecht mit Euch umgeht und sehr lieblos und selbstkritisch seid, nehmt Ihr wichtige Lebensenergie von Eurer Dualseele. Es stimmt nicht, dass es nur Dich selbst betrifft, wenn Du wütend und verärgert bist und unter Stress stehst, denn dadurch nimmst Du von Eurer Dualseelenenergie mehr, als du eingebracht hast. Natürlich seid Ihr alle Menschen und da ist es eben noch so, dass Ihr bis zu Eurer Erleuchtung auch diese Gefühle habt und manchmal ausleben müsst. Das ist auch so okay, doch wir fordern Euch hiermit sehr deutlich auf, Euch sehr bewusst darüber zu sein, was Ihr da tut und ob Ihr das Eurem Dualseelenpartner wirklich antun wollt. Da er Euch immer liebt, weil Euch die reine bedingungslose Liebe verbindet, wird er es immer ertragen, ob bewusst oder unbewusst macht keinen Unterschied aus. Bei manchen Dualseelenpaaren geht das so weit, dass einer nur noch energielos ist, dadurch krank wird und der andere weiterhin seinen Raubbau mit der gemeinsamen Energie betreibt. Da beide aber meistens nichts davon wissen, gibt es alle möglichen und unmöglichen Erklärungen und Ausreden, warum man so k. o. ist bzw. warum man so unter Stress steht und so viel arbeiten muss.

Damit sagen wir jetzt aber nicht, dass wenn es Dir schlecht geht und Du selbst nicht gut für Dich sorgst, dass dann automatisch Deine Dualseele dafür verantwortlich ist! Nein – bitte trage Du selbst für Dich die Verantwortung und auch die Sorge für Dich, denn das kannst Du, wenn Du sehr bewusst bist. Solltest Du es sehr genau und klar spüren, dass Deine eigene Energielosigkeit zu einem großen Teil durch den hohen Energieverbrauch Deiner Dualseele kommt, so empfehlen wir Dir Übungen um leichter in Deiner Energie zu bleiben, und wir fordern Dich auf, richtig gut für Dich zu sorgen. Wenn dem so ist, dass einer so richtig viel Energie rausnimmt, muss es der andere wieder auffüllen – ganz klar. Wenn einer vom gemeinsamen Konto mehr Geld verbraucht, als er eingezahlt hat, muss der andere notgedrungen mehr einzahlen und noch weniger ausgeben. Da ist es ganz logisch. Sei Dir aber auch bewusst, dass Du mit Deiner Dualseele kommunizieren kannst – egal, ob Ihr Euch kennt oder nicht. Und da sind ganz klare Worte dann auch notwendig und werden ankommen. Deine Dualseele liebt Dich immer bedingungslos und will nur Dein Bestes. Darum sage es Ihr auch ganz klar, wenn Du nicht mehr bereit bist so viel Energie beizutragen und sie achtsamer mit Ihrer Energie haushalten soll. Über Eure gemeinsame Seele findet jeder Austausch statt, weil Ihr EINS seid.

Nachdem Du mit Deiner Dualseele klar kommuniziert hast, empfehlen wir Dir, folgende Übung täglich zu machen, und zwar so lange, bis Du wieder gut in Deiner eigenen Energie bist:

Bitte um höchsten göttlichen Schutz, um Führung und Heilung und bedanke Dich gleich dafür. Stell Dir eine auf dem Boden liegende 8 in der Größe von ca. 2 Meter Höhe vor. (Du kannst auch eine Schnur nehmen und sie in Form einer Acht hinlegen, damit Du Dir das leichter vorstellen kannst.) Ein Kreis davon bist Du und der andere Kreis ist Deine Dualseele. Entscheide, welcher Kreis Deiner ist. Also z. B. der rechte Kreis bist Du und der linke Kreis Deine Dualseele. Stelle Dich auf den Schnittpunkt und konzentriere Dich auf den Kreis Deiner Dualseele. Spüre die Liebe zu ihr und spüre auch klar, was Du ihr zurückgeben möchtest, weil es Dir zu viel ist oder Dir nicht gehört, z. B. Rastlosigkeit, Ängste, Schuldgefühle etc. von denen Du spürst oder evtl. auch weißt, dass es sie und ihre Persönlichkeit und nicht Eure gemeinsame Seelenenergie betrifft. Dann beginne von der Schnittstelle aus einen Fuß vor den anderen setzend den Kreis um die Energie Deiner Dualseele langsam und sehr bewusst zu gehen. Bei jedem Schritt mache Dir klar, dass es ihre Themen/Energien sind und Du sie ihr in Liebe zurückgibst. Sei dabei liebevoll, achtsam und klar. Wenn Du bei der Schnittstelle wieder angekommen bist, bedanke Dich, komme bewusst bei Dir an und konzentriere Dich auf Deinen Kreis. Entscheide, welche Energie in Deinem Kreis sein soll. Zum Beispiel: Kraft, Gesundheit, Kreativität, Liebe, Freude usw. Dann stell Dir Dich in Deinem Kreis mit diesen Energien vor und beginne vom Schnittpunkt aus einen Fuß vor den anderen setzend die gedachte Linie Deines Kreises entlang zu gehen. Spüre Dich sehr bewusst mit diesen Energien. Nimm sie in jede Deiner Zellen auf. Wenn Du wieder bei der Schnittstelle angekommen bist, spüre sehr deutlich, wie es Dir geht, dann gehe aus der 8 raus und bedanke Dich bei Dir selbst, bei Deiner Dualseele und bei der geistigen Welt für die Unterstützung.

Vielleicht machst Du diese Übung ein paar Tage lang, bis Du wirklich täglich spürst, wie sich die neue Energie in Dir manifestiert und Du wieder kräftiger wirst.

Diese Übung funktioniert übrigens nicht nur unter Dualseelen, sondern mit allen Menschen, wo Ihr bewusst oder unbewusst Verantwortung für deren Leben und Aufgaben übernommen habt.

Wenn Deine Dualseele in der geistigen Welt ist, wird sie Dich immer ausreichend mit Energie versorgen, weil sie selbst keine Energie benötigt, hier in der geistigen Welt. Das ist auch der Grund, warum es manchmal Menschen gibt, die so eine richtig ausgeglichene Lebensenergie haben. Für dieses Gleichgewicht sorgt meistens die Dualseele in der geistigen Welt. Und wenn beide Dualseelen inkarniert sind, da ist diese Herausforderung schon eine ganz andere. Erkennt Ihr, wie wichtig es ist, gut für sich zu sorgen, gut mit seiner Energie hauszuhalten, weil es immer die gemeinsame Energie betrifft.

Nun wird aber auch klar, was es bedeutet, wenn zwei Dualseelen, die ihre eigene Entwicklungsstufe erreicht haben, beide ihre Göttlichkeit erkennen und diese beiden sich in tiefer Liebe und Wertschätzung zueinander bekennen, das mit dieser gemeinsamen Energie für den menschlichen Verstand Unbegreifliches erreicht werden kann?!

Meine Liebe – in mir geborgen.

Du Quell allen Seins, das Lebenselixier in mir.

Die Weisheit und Kraft und Macht Deiner reinen bedingungslosen Liebe durchfließt jede Zelle meines Körpers und meiner Seele – ICH BIN!

Die Sonne lacht und strahlt aus mir heraus und erhellt unser Sein auf Erden.

Mutter Erde – Du nährende heilende Göttin – ich segne Dich mit allen Deinen Wesen und empfange dadurch Deinen Segen und Deine heilenden und nährenden Energien.

Ich danke Dir!

Ich bin gesund an Körper, Geist und Seele.

In tiefer Dankbarkeit und Liebe!

Sehnsucht

Lasst uns über die Sehnsucht sprechen, die Ihr Menschen in Euch empfindet. Es ist diese unerklärliche Suche nach Eurer Ganzheit, die sich manchmal sehr unverständlich ausdrückt. Wir möchten Euch helfen, zu lernen, damit um zu gehen.

Es ist ganz natürlich, dass Ihr ein Verlangen nach Ganzheit spürt, weil das ja auch der bewusste oder unbewusste Antrieb ist, Eure Entwicklung zu durchlaufen, um zu wachsen und zu reifen. Wenn diese Sehnsucht nicht da wäre, würden viele ganz schnell nur noch so in den Tag hinein leben und nichts auf die Beine stellen. Viele sehr erfolgreiche Menschen haben diesen Drang in sich etwas zu bewegen. Natürlich sind das meistens auf den ersten Blick keine spirituellen Gründe, sondern nach außen erscheinende ganz einfache wirtschaftliche Beweggründe. Doch auch das ist wichtig, weil somit eine Plattform geschaffen wird, um Lernprozesse zu erfahren. Wenn hier auf Erden immer „nur" Liebe, Frieden, Harmonie und Verständnis und Glückseligkeit geherrscht hätte, wie hättet Ihr dann Eure Lernprozesse und Erfahrungen machen können? Es waren Machtkämpfe und unschöne Erlebnisse wichtig, weil Ihr Euch sonst nicht so weit hättet entwickeln können.

Doch inzwischen verändert es sich und viele Menschen haben diese – nennen wir es mal klassischen Themen schon durch. Viele haben wirklich schon gelernt wertfreier zu sein, weniger zu kritisieren, wertschätzender mit sich und der Natur umzugehen und vieles mehr. Es fand und findet noch immer eine sehr wichtige Bewusstseinsentwicklung statt und das ist sehr gut so. Und auch hier gibt es Vorreiter und Menschen, die ihren Mitmenschen gerne bei ihrer Entwicklung helfen möchten, damit das große Ziel des ALL-EINS-SEINS erreicht werden kann.

Und auch diese Menschen spüren in sich eine Sehnsucht noch mehr zu tun, noch mehr zu verstehen, beizutragen und auch nach wie vor selbst immer mehr ins Licht zu wachsen. Diese Sehnsucht, die Ihr empfinden dürft, ist ein wertvolles Geschenk. Auch wenn es manchmal schmerzlich ist, diese tiefe Sehnsucht körperlich und auch seelisch zu spüren. Wir möchten Euch ermutigen, diese Sehnsucht als das einzuordnen, was es ist, nämlich ein göttliches Geschenk, das Euch hilft, Euren Seelenweg zu gehen und nicht die Zeit hier auf Erden – Eure so wertvolle Entwicklungszeit – einfach zu verplempern.

Liebes Erdenkind, mache Dir bitte klar, dass die Sehnsucht in Dir ein Motor ist, der Dich auf Deinen Weg bringt und Dich dort zügig voranschreiten lässt. Du wirst spüren, wenn Du auf die Sehnsucht hörst, dass sie Dich immer irgendwie zum Tun bringt. Vielleicht besuchst Du ein Seminar oder liest ein Buch, das Dir „zufällig" in die Hände kommt und findest darin neue Blickpunkte für Dich und Dein Leben. Die Sehnsucht wird Dich auch dahin bringen immer deutlicher zu erkennen, was Deine Lebensaufgabe hier ist und welchen Sinn dieses Leben für Dich haben soll. An der Stelle sagen wir Dir folgendes:

Der Sinn des Lebens ist, dass Ihr hier glücklich seid!

Das erfordert natürlich eine sehr hohe geistige Reife, alles, was Ihr hier erlebt so einzuordnen, dass Ihr den Sinn für Euch darin erkennt, dankbar dafür seid und aus der Dankbarkeit heraus das Gefühl des Glücklichseins entstehen lasst. Auch die Sehnsucht nach dieser Glückseligkeit wird Dich immer antreiben und Dich in Deiner Entwicklung weiterbringen. Wenn Du eine Sehnsucht in Dir spürst, bemühe Dich, sie so klar wie möglich zu benennen. Also finde heraus, nach was genau Du Sehnsucht hast und dann stell Dir die Frage: Was kann und will ich tun, um dahin zu kommen? Und dann tue auch täglich etwas ganz konkret dafür.

Was bedeutet jetzt die Sehnsucht nach Deiner Dualseele?
Zum einen, spürt nicht jeder Mensch diese Sehnsucht in sich – manche Menschen haben noch nie etwas von Dualseele oder Zwillingsseele gehört; manche noch nicht einmal etwas von Seelenpartnern ganz generell. Doch wir glauben, dass diese Zeilen die Menschen lesen, die sich damit schon eingehend beschäftigt haben. Also, wenn jemand keine Sehnsucht nach seiner Zwillingsseele verspürt, so ist das völlig normal und in Ordnung und wir sagen eindringlich, dass jetzt nicht jeder krampfhaft beginnen muss, seine Dualseele irgendwie wahrzunehmen oder zu finden. Die Antwort ist ganz einfach: Es ist für dieses Leben nicht vorgesehen, dass Du Dich damit beschäftigst, weil andere Themen für Dich hier zu lernen und zu erfahren sind. Doch sei Dir gewiss, dass Deine Dualseele Dich auf energetischer, geistiger Ebene unterstützt und Ihr EINS seid. Sei Dir einfach darüber im Klaren, dass Du nicht alleine bist, es niemals warst und auch nie sein wirst, weil Dein zweiter Teil immer mit Dir verbunden ist, es immer war und immer sein wird. Er begleitet Dich liebevoll – auch wenn Du ihn vielleicht bis jetzt noch gar nicht wahrgenommen hast.

Da wir ja bereits über die Wichtigkeit der Dualseelenenergie gesprochen haben, so wäre es natürlich sehr schön und wertvoll, wenn Du darüber einfach ein gewisses Bewusstsein hast – was ganz automatisch passiert, wenn Du diese Zeilen liest. Das bedeutet, Du brauchst jetzt nichts Besonderes zu tun, sondern es genügt, wenn Du Dir darüber bewusst bist, dass Du einen Dualseelenpartner hast. Dann kannst Du Dich gedanklich und vom Herzen her einfach mit ihm verbinden und dankbar dafür sein. Es ist nicht notwendig zu wissen, wo er sich gerade aufhält, wie er aussieht, ob er inkarniert ist, was Ihr in früheren Leben schon gemeinsam gemacht habt usw. Wenn vom Herzen her eine Sehnsucht in Dir schwingt, die das vom Herzen her (nicht vom Verstand bzw. vom Ego) herausfinden möchte, dann wirst Du Dich sowieso auf den Weg machen, um Deine Dualseele zu erfahren – ob geistig oder körperlich ist dabei egal. Wichtig ist, dass Du lernst, Dich selbst immer mehr als Ganzheit zu erfahren und alle Teile, die Du in Dir noch nicht annehmen konntest, eventuell auch noch verurteilst, erst mal selbst in Dir liebevoll integrierst um zu Deiner eigenen

Vollständigkeit zu wachsen. Und bitte – geliebtes Erdenkind – vertraue, dass es zum richtigen Zeitpunkt geschehen wird, dass Du Deiner Dualseele begegnest – egal ob in der geistigen Welt oder hier auf Erden – sofern es für dieses Leben vorgesehen und wichtig ist. Es gibt für Dich so viel zu lernen und zu erfahren und auch beizutragen, dass dieses Thema auf keinen Fall krampfhaft verfolgt werden soll. Dualseelen, die sich begegnen sollen, können sich dem ganzen nur sehr schwer verwehren. Sie brauchen dafür nichts zu tun, denn es ist vereinbart, dass sie sich treffen und es wird zum richtigen Zeitpunkt geschehen. Ihr seid alle beschützt und geführt. Achtet viel lieber auf die Impulse in Euren Herzen und folgt diesen demütig. Das ist viel wichtiger als sich den Kopf darüber zu zerbrechen, wie Du Dich mit Deiner Dualseele verbinden kannst.

Dualseelen, die vereinbart haben, sich in diesem Leben zu begegnen, verfolgen ein gemeinsames Ziel, das sie mit der Begegnung und mit ihrer gemeinsamen Energie hier auf Erden erreichen möchten. Hier gilt es wieder, zu unterscheiden, ob die Begegnung auf der geistigen Ebene stattfinden soll oder richtig hier auf Erden, weil auch beide auf Erden inkarniert sind. Wenn die Begegnung auf geistiger Ebene stattfinden soll, so freu Dich, denn Deine Dualseele kann Dir ihre volle Unterstützung geben, da sie in der geistigen Welt die einzige Aufgabe hat, Dir auf Deinem Weg zu helfen und Dich mit geistigem Wissen zu versorgen, damit Du Deine Lebensaufgabe so gut wie irgend möglich erfüllen kannst. Du wirst den starken Impuls spüren und eine klare liebevolle Präsenz wahrnehmen, die Dir eindeutig zu verstehen gibt, dass das Deine Dualseele in der geistigen Welt ist und Ihr ab dem Zeitpunkt noch bewusster zusammenarbeiten könnt. Auch soll ab jetzt Eure gemeinsame Energie mit viel mehr Bewusstheit fließen und Licht bringen. Eine vereinte Dualseele ist mehr als „nur" 1+1. Es ist ein Vielfaches dessen, was zwei einzelne Seelen bewirken können, die sich ihrer Ganzheit noch nicht bewusst sind. Sich mit seiner Dualseele auf der geistigen Ebene zu verbinden, bedeutet auch, sich in seiner Ganzheit anzunehmen – mit allen Licht und Schattenseiten und trotzdem seine Persönlichkeit weiter zu entwickeln. Jetzt allerdings aus der gemeinsamen Kraft und Energie heraus. Dadurch wird es wesentlich leichter und klarer werden.

Kommen wir zu den Dualseelen, die vereinbart haben, sich hier im Leben zu begegnen und eine gemeinsame Aufgabe zu erfüllen. Sei Dir darüber im Klaren, dass Ihr Euch nur begegnet, wenn Ihr auch vereinbart habt, eine gemeinsame Aufgabe zu erledigen, denn sonst würde die Begegnung ja keinen Sinn machen. Die Sehnsucht, die meistens ganz unbewusst in Dir arbeitet wird Dich zum richtigen Zeitpunkt zu Deiner Dualseele führen. Ob Deinem Verstand das gefällt oder nicht ist ein ganz anderes Thema. Tatsache ist, wenn diese Vereinbarung auf der geistigen Ebene getroffen wurde, so werden Euch auch die geistigen Mächte zusammenführen. Jetzt wird es allerdings ganz entscheidend sein, was Euer freier Wille macht. Und da kann so ziemlich alles möglich sein.

Jetzt gilt es ganz genau auf Dein Herz zu hören und einen Weg zu finden, der für alle Beteiligten gangbar ist. Wir haben schon darüber geschrieben, wie wichtig es ist, dass sich die Dualseelen zueinander bekennen. Doch wir sehen, dass selbst das für viele hier nicht machbar ist, weil Ihr so gefangen seid in Euren gesellschaftlichen Verpflichtungen. Doch Ihr habt ein Herz und einen Verstand – und wir wissen, dass Euer Verstand sehr wohl Wege finden kann, die Herzensthemen zu erfüllen. Was Euch daran hindert, sind immer irgendwelche Ängste und dafür haben wir natürlich vollstes Verständnis. Trotzdem wollen wir Euch ermutigen auf Eure Herzen zu hören und den geistigen Gesetzmäßigkeiten zu vertrauen. Auch an der Stelle möchten wir nochmals ganz deutlich gesagt haben, dass es nicht darum geht, seine Familie aufzugeben, sich gleich scheiden zu lassen usw. Nein, es geht uns darum, dass sich diese beiden Energien, die sowieso EINS seit Anbeginn der Zeit und in alle Ewigkeit sind, die von Gott verbunden wurden, vom Menschen nicht getrennt werden dürfen. Ihr kennt diesen Satz von Euren kirchlichen Hochzeiten. Doch die tiefere Aussage dahinter ist, dass die Dualseelen, die ja durch Gott verbunden wurden, vom Menschen nicht getrennt werden dürfen. Darum geliebtes Wesen überlege Dir, wie es machbar sein kann, dass Du die liebevolle Energie mit Deiner Dualseele leben und fließen lassen kannst und Dich bewusst mit Deiner Dualseele vereinen kannst, ohne Dich untreu oder schuldig zu fühlen, weil Du so tief – meistens noch viel tiefer als für Deinen eigenen Partner – empfindest.

Es heißt nicht automatisch, wenn sich zwei Dualseelen hier begegnen, die auch noch das passende Alter und die Gegebenheiten hätten, ein Liebespaar zu sein, dass das auch so angedacht war. Wenn ja, dann ist das natürlich wunderschön, sofern beide schon so mit sich in Harmonie und in ihrer eigenen Ganzheit sind, weil erst dann eine Dualseelen-Partnerschaft auch die Qualität hat, die man sich wohl darunter vorstellt.

Was wir viel mehr erleben ist, dass zwei Dualseelen, die sich hier wieder finden – egal, ob sie nun als Paar oder nur einfach als zwei Menschen – und ihre eigenen Themen noch nicht vollständig gelöst haben, mehr Streitgespräche führen, als ganz normale Paare. Das liegt daran, weil der innigste Wunsch der Dualseele ist, in die Ganzheit zu kommen, sich wieder in Liebe vereinigen zu können und das dann natürlich auch – wenn möglich – hier auf Erden mit den Körpern zu erfahren. Die geistige Verbundenheit besteht ja sowieso.

Darum geliebtes Wesen fordern wir Dich immer und immer wieder auf bei Dir selbst zu sein und erst Deine eigenen Themen für dieses Leben zu lösen. Dann bist Du ein reines Licht, das sich mit Deiner Dualseele, die dann natürlich auch ihre Themen gelöst haben muss und auch ein reines Licht ist, vereinen kann um die gemeinsame Aufgabe zu erfüllen. Oftmals ist es so, dass Ihr Euch noch nicht gleich in diesem Leben begegnet seid, weil Ihr Eure Lernprozesse erst mal mit anderen Partnern an Eurer Seite lösen wolltet um Euch das gegenseitig zu ersparen. Was auch absolut sinnvoll ist. An der Stelle sei wieder erwähnt, dass es jetzt nicht darum geht, sich von dem Partner zu trennen, der Dich auf dem Weg bis hierher begleitet hat, sofern Ihr glücklich miteinander seid, sondern es geht darum, dass Du für Dich einen Weg findest, der es Dir ermöglicht ein glückliches Leben zu führen UND Du trotzdem Deine Seelenaufgabe in einer Weise erfüllen kannst, die für alle Beteiligten stimmig ist.

Bitte uns um Schutz und Führung und wir werden Dir helfen, Deinen Weg zu finden. Doch bitte bedenke immer die Wichtigkeit von Eurer gemeinsamen Energie. Diese darf nicht wegen gesellschaftlichen Verpflichtungen aufgegeben werden. Wir geben hier bewusst keine Anleitungen wie so ein Weg aussehen kann, weil er für jeden von Euch sehr individuell sein wird und jeder erst hineinwachsen muss. Meistens ist es erst mal ein heftiges Gefühlschaos, wenn Ihr diese starke Verbundenheit spürt. Manche beschäftigen sich intensiv damit und finden und bekommen Erklärungen von uns. Wieder andere flüchten sich in ihre Arbeit, um nicht hinschauen zu müssen und sich damit nicht beschäftigen zu müssen, weil die Angst vor einer Veränderung zu groß ist. Wir haben auch dafür Verständnis und sind liebevoll für Euch da. Wir wünschen Euch den Mut, mit uns Kontakt aufzunehmen, damit jeder seinen Weg finden und gehen kann. Bittet uns um Klarheit, um Lösungen und um Führung und Ihr werdet sie bekommen. In Euch findet Ihr dann den Mut, das zu tun und zu leben, was Ihr von uns als Lösungen bekommen habt. Diese Wege können natürlich auch mal etwas unkonventioneller sein, doch gerade das bringt Euch immer weiter.

Das jetzige Bewusstsein ist nicht entstanden, weil alles immer so gemacht wurde, wie es schon immer war. Wenn Jesus nicht von Liebe gepredigt hätte, würde die Liebe heute noch lange nicht so gelebt werden, wie das inzwischen schon der Fall ist. Das macht uns alle hier und auch Euch auf Erden sehr glücklich. Darum habt Vertrauen in uns und in das, was Euer Herz Euch sagt. Und glaubt uns, auch wenn Ihr meint, die Sehnsucht in Euren Herzen nicht hören zu wollen, sie wird sich trotzdem Gehör verschaffen, weil es für Euch wichtig ist.

ICH BIN –
voll liebevoller demütiger Freude.

Mein Herz ist unendlich groß und weit.

Ich trage und spüre die Liebe und Freude des Seins in jeder meiner Zellen.

Es sind so unbeschreiblich schöne Gefühle die mich tragen. ICH BIN.

Genau dieses Gefühl werde ich hegen und pflegen, damit es sich in mir und allem Sein manifestiert.

Das ist ein ganz wichtiger Teil meiner Aufgabe, diese Energie der reinen bedingungslosen Liebe in all ihren Facetten zu kultivieren.

Danke!

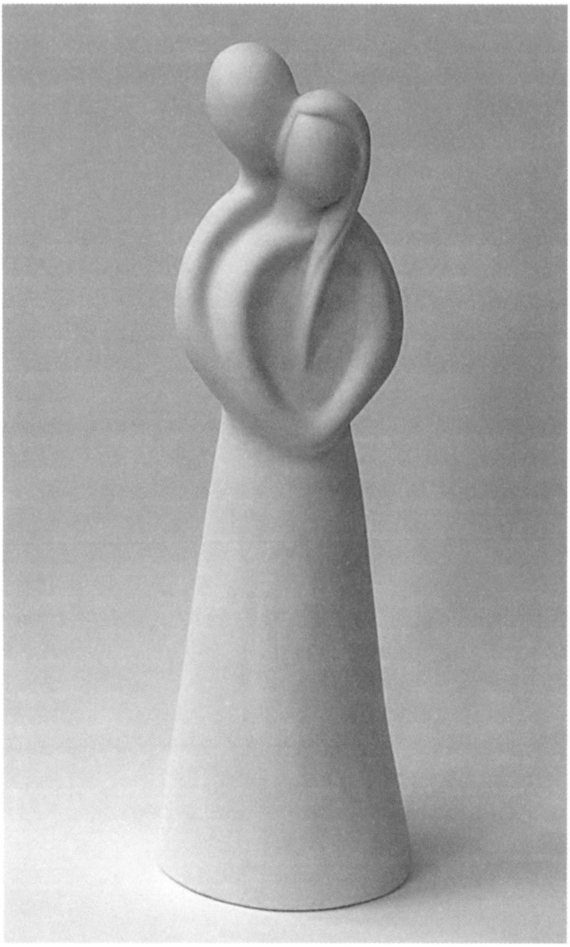

Das Höherführende Selbst in Seelenpartnerschaften

Vielleicht hast Du Dir schon mal die Frage gestellt, wie es sich mit dem Höherführenden Selbst bei Seelenpartnerschaften verhält. Wir wollen auf diese Frage hier eingehen:

Es ist grundsätzlich so, dass jeder Mensch sein eigenes ihn Höherführendes Selbst hat. Es ist seine Seele, sein wahres Sein. Darin „gespeichert" sind alle Weisheiten des gesamten Universums, alles, was die Seele in all ihren Inkarnationen erlebt und gelernt hat; alles, was an Erfahrungen und Lernprozessen aus der geistigen Welt hinzugekommen ist – einfach alles was ist. Das Höherführende Selbst macht also Dein wahres Sein aus und ist sowohl in Dir als auch in der geistigen Welt. Der – nennen wir es mal – größte Teil ist in der geistigen Welt und Dein Menschsein ist geführt von Deinem Höherführenden Selbst, sofern Du auf Deine innere Stimme hörst und entsprechend handelst. Es ist auch zugleich Deine Dualseele – es ist all das, was Dich in Deiner Ganzheit aus geistiger Sicht ausmacht. All das ist Dein wahres geistiges Sein. Als Mensch hast Du natürlich auch Deinen Verstand und Dein Unterbewusstsein. Beides hilft Dir und ist absolut notwendig um hier auf Erden klar zu kommen und um die Botschaften und Informationen Deines Höherführenden Selbstes auf Erden umzusetzen und zu leben. Dein Höherführendes Selbst ist wie schon gesagt auch Deine Dualseele. Das bedeutet, dass Dein Höherführendes Selbst auch das Höherführende Selbst Deines Dualseelenpartners ist. Ihr beide seid EINS seit Anbeginn der Zeit und für alle Ewigkeit.

Du findest Deine Ganzheit, indem Du Dich zu Dir und zu Deinem Höherführenden Selbst bekennst und Dich als vollkommen annimmst. Erkenne Dein Höherführendes Selbst als Dein wahres Sein an und gib alle Gedanken der Trennung auf. Sei Dir Deiner Ganzheit, Deines wahren Seins bewusst, so wie Du Dir bewusst darüber bist, welche Staatsangehörigkeit Du hast, oder ob Du Mann oder Frau bist.

Wenn Deine Dualseele nicht inkarniert ist, so hast Du jegliche energetische und geistige Unterstützung die Du brauchst. Allerdings bleiben auch Dir die Lernprozesse nicht erspart, achtsam mit Dir umzugehen und mit Deiner Energie gut hauszuhalten und gut für Dich zu sorgen. Diesen Lernprozess wird Dir auch Dein Höherführendes Selbst nicht vorenthalten.

Wie sieht es jetzt aus, wenn beide Dualseelen auf der Erde inkarniert sind? Es ist nach wie vor die gleiche Einheit und die beiden Menschen sind über ihr gemeinsames Höherführendes Selbst verbunden, weil sie die gleiche Energie sind. Natürlich hat jeder seinen eigenen Körper, seinen eigenen Verstand, sein eigenes Unterbewusstsein mit all den Erfahrungen, die jeder Mensch so in diesem Leben gesammelt hat. Diese Kombination lässt ihn hier als Mensch auch einmalig und einzigartig sein. Und er hat sich auch seine ganz eigenen Lernprozesse für dieses Leben vorgenommen. Was jedoch entscheidend ist, ist die untrennbare Verbindung zu seiner Dualseele die auch auf Erden inkarniert ist. Das gemeinsame Höherführende Selbst lebt jetzt nicht nur in einem Körper sondern in zwei Körpern und ein Teil befindet sich nach wie vor in der geistigen Welt. Vielleicht könnt Ihr Euch das so vorstellen, dass aus einer Energiekugel zwei Energiestränge zu den beiden Menschen fließen. Es ist nichts statisches, sondern ein reger Austausch an Energie, Weisheit und Liebe. Die Macht und Kraft dieser reinen bedingungslosen Liebe ist unbeschreiblich. Es ist Euer wahres Sein und es verbindet Euch. Jetzt müsste Euch auch klar werden, dass Ihr enorm voneinander profitiert, weil Ihr ja doppelt so viele Möglichkeiten habt, zu lernen, zu reifen und Euch weiterzuentwickeln und alles kommt dem gemeinsamen Seelenwachstum zu Gute. Für Eure Seele ist es wunderbar so viele Möglichkeiten der Selbsterfahrung zu haben. Dass es sich natürlich auch mit der gemeinsamen Energie und dem Energieverbrauch ähnlich verhält, haben wir schon erläutert. Dualseelen sind EINS; sie sind ein Höherführendes Selbst, sie sind eine Seele in zwei Körpern. Nicht mehr und nicht weniger. Es ist ganz einfach.

Nun gilt es für zwei Menschen, die erkennen, dass sie eine Dualseele sind, zu lernen, damit umzugehen und aus der gemeinsamen Energie etwas Wertvolles für die Weiterentwicklung des Planeten beizutragen. Es kann natürlich sein, dass Ihr erst mal Euch beide noch ein Stück weiterentwickeln dürft und Euch gegenseitig einen sehr deutlichen Spiegel vorhaltet. Die große Herausforderung im Umgang mit seiner Dualseele auf Erden besteht darin, die extrem starken Gefühle positiv zu nutzen um für sich selbst immer mehr ins Licht, in die eigene Ganzheit zu kommen. Je mehr jeder der beiden Menschen an sich gearbeitet hat und seinen Grad der Erleuchtung erreicht hat, umso wirkungsvoller könnt Ihr Eure gemeinsame Seelenaufgabe hier erfüllen. Erinnert Euch daran, was Ihr für dieses Leben vereinbart habt. Und bedenkt immer: Dualseelen inkarnieren nur zur gleichen Zeit und begegnen sich, wenn sie eine gemeinsame Seelenaufgabe zu erfüllen haben. Die gemeinsame Seelenaufgabe ist nicht zwingend die gleiche Lebensaufgabe, die sich jeder für sich selbst ausgesucht hat, wird aber meistens in die gleiche Richtung gehen. Und dann findet einen Weg, wie Ihr sie erfüllen könnt. Es wäre schade, wenn Ihr diese Inkarnation dafür ungenutzt verstreichen lasst. Ihr lieben Menschen hier auf Erden, die Ihr diese Zeilen lest, es hat einen Grund, warum Ihr dieses Buch lest, sonst würdet Ihr es nicht tun.

Welche wichtige Botschaft ist für Dich dabei, geliebtes Erdenkind? Was kannst Du für Dich umsetzen? Für Dich, für Deinen inneren Frieden, Deine Eigenliebe, Deine Seelenaufgabe?

Mache Dir gerne am Ende des Buches gleich Deine Notizen über das, was Dich im Herzen berührt hat.

ICH BIN –

ein reines helles Licht und strahle Liebe, Wärme und Licht auf alles und jeden aus. Ich bin absolut sicher, dass DU durch mich wirkst, und zwar in jedem Augenblick ununterbrochen.

Alles, was ich tue, sage und empfinde ist DEIN Wille, den ich demütig ausführen darf.

Alles, was DU mir je gesagt oder geschrieben hast, ist die reine Wahrheit. ICH BIN!

Ich bekenne mich zu mir und zu meiner Göttlichkeit und nehme diese Klarheit, diese Weisheit demütig und dankbar an und werde sie nur zum Wohle aller, im Sinne meiner Aufgabe, einsetzen.

Da DU immer durch mich wirkst habe ich tiefstes Vertrauen, dass mein Tun immer heilig und göttlich ist und DEINEM WILLEN entspricht.

Ich habe und empfinde tiefste Wertschätzung für meinen wunderbaren gesunden Körper, den DU mir hier gegeben hast.

Ich lasse DICH durch mich wirken, indem ich mich voll und ganz zu mir bekenne und weiß dass ich damit mein Bestes gebe.

Ich nehme demütig meine tiefe Erkenntnis an, dass ich das Licht, die Liebe, die reine Weisheit und Wahrheit bin; genauso wie es alle anderen Menschen und Tiere auch sind.

Ich bin dankbar, dass ich mir dessen so bewusst, so tief und klar bewusst sein darf.

Ich segne mich und damit segne ich alles und jeden, der mit mir in Kontakt kommt, und alles und jeden, der meine Schwingung empfängt. ICH BIN!

Ich bin die Wahrheit und das Licht und die Liebe! Danke!

Schuld und Sünde

Wir stellen fest, dass Ihr geliebten Wesen auf Erden noch sehr verhaftet mit dem Thema Schuld und Sünde seid. Dafür haben wir viel Verständnis, weil es Euch ja auch über Generationen begleitet hat und für Euch sehr wichtig war. Doch was bedeutet es, sich schuldig zu fühlen? Woraus resultiert dieses Gefühl? Doch aus einer Handlung – oder manchmal sogar nur aus einem Gedanken, der dieses Gefühl auslöst. Für manche Menschen ist es auch noch immer wichtig, diese Schuldgefühle zu haben, weil die Bewusstseinsentwicklung noch nicht so weit ist, um davon loslassen zu können. Darum verurteile niemanden, egal wie behaftet er noch mit dem Thema Schuld und Sünde ist. Wir möchten Dir nur Blickpunkte zu dem Thema geben, damit Du für Dich spüren kannst, inwieweit Du Deine Schuldgefühle noch brauchst. Wie schon erwähnt, folgen Schuldgefühle ja auf Gedanken oder Handlungen, die getan wurden und danach als schlecht, falsch etc. eingeordnet werden. Es ist völlig in Ordnung, seine Gedanken und Taten auch zu hinterfragen, denn daraus lernt Ihr ja sehr viel. Darum möchten wir dieses Thema Schuldgefühle auch sehr wertfrei vermitteln um Euch für eine neue Anschauung zu öffnen. Allerdings möchten wir Euch auch anregen, Eure Gedanken und Handlungen aus dem Herzen und aus der Liebe heraus entstehen zu lassen. Denn jede Tat, die aus reiner Liebe getan wird, ist aus der göttlichen Energie entstanden und somit immer ein Ausdruck Gottes und kann gar nicht schlecht sein!!

Geliebtes Wesen hier auf Erden, unser Ansinnen ist es, Dir zu sagen, dass Dein gesamtes Denken und Tun aus Liebe, aus einem Herzen voll Liebe getan werden soll. Wir wissen, dass dies hier nicht so einfach ist, doch da steckt auch Dein Entwicklungspotenzial. Nimm diese Botschaft in Dein Herz und sei bestrebt, das was Du tust, aus Liebe zu tun. Aus Liebe zu Dir und zu Gott. Damit sagen wir nicht, dass Du etwas immer nur einem anderen zu Liebe tun sollst, sondern wir sagen, dass Du das, was Du tust aus Liebe tun darfst. Wenn Du Dinge tust, nur einem anderen zu Liebe, nur um es ihm Recht zu machen und selbst gar nicht dahinter stehst, fehlt die göttliche Energie. Das Wort „Liebe" in der Aussage „dir zu Liebe" wird hierbei missbraucht, denn das ist keine Liebe! Entweder Du tust das, was Du tust, aus Liebe zu Dir und zu Gott oder Du lässt es sein, oder Du schaffst es, die Liebe in Dir für Dein Tun zu finden um aus der Liebe heraus handeln zu können. Und aus der Energie heraus, darfst und sollst Du natürlich gerne etwas „dem anderen zu Liebe auch machen." Aber eben nur aus der eigenen Liebesenergie – wir hoffen, Du erkennst den Unterschied.

Sicher wirst Du Dich einem Menschen gegenüber nur schuldig fühlen, der Dir auch etwas bedeutet. Doch wir fordern Dich auf, dahin zu wachsen, dass Dir alle Menschen, alle Wesen und auch die Natur etwas bedeuten, und zwar sollen sie Dir sehr viel bedeuten, denn ohne Deine Mitmenschen, die Tiere, die Natur, dem ganzen Planeten, hättest Du keine Möglichkeit Dich zu entwickeln. Und darum ist auch der unscheinbarste fremde Mensch von Bedeutung und auch jeder Grashalm und jede Mücke. Alles hier gibt Dir die Möglichkeit zu wachsen und zu reifen, ob es Dir gerade in dem Moment bewusst ist oder nicht, spielt dabei keine Rolle. Wir wollen mit dieser Botschaft Dein Bewusstsein erweitern, bzw. Dir neues Bewusstsein eröffnen, das ja im Grunde Deiner wahren Natur, Deinem Sein entspricht und somit bereits in Dir ist. Durch das Lesen dieser Worte erweitert sich Dein Bewusstsein ganz automatisch.

Nimm Dir aus jedem Text die für Dich wichtige Botschaft bzw. Kernaussage raus und versuche sie in Dein Leben zu integrieren. Schreibe Dir auf, was wichtig für Dich ist und lies es täglich, bis Du es verinnerlicht hast. Es sollen die Themen sein, wo Du einen Herzensimpuls spürst, denn genau hier steckt jetzt gerade Dein Entwicklungspotential. Höre und vertraue Dir und Deinem Herzen, Deiner Göttlichkeit in Dir. Sie führt Dich und hilft Dir immer. Bitte und bete täglich darum, immer klarer Dein wahres Sein zu erkennen und zu leben. Bitte mehrmals täglich, dass Deine Gedanken und Dein Tun aus Deiner göttlichen Liebe geschehen mögen und bedanke Dich dafür.

Wir laden Dich ein, den folgenden Satz als eine neue Herzenswahrheit in Dir schwingen zu lassen:

„All mein Denken und Tun soll auch heute wieder aus meiner göttlichen Liebe entstehen zum Wohle aller und zum Ruhme Gottes, und dafür bin ich dankbar."

Kannst Du dir vorstellen, wenn Dein Tun aus der göttlichen Liebe entsteht, dass Du dann keine Schuldgefühle mehr haben kannst? Beginne jeden Tag mit diesem kurzen und so wertvollen Mantra. Bemühe Dich redlich um diese wertvolle Fähigkeit und es wird Dir täglich besser gelingen.

Das Thema Schuld wollen wir aber auch noch von der anderen Seite betrachten, nämlich „dem anderen Schuld geben". Wenn Ihr jemand anderem die Schuld gebt, unterstellt Ihr ihm damit, dass sein Tun nicht aus der Liebe heraus geschehen ist, was natürlich durchaus sein kann. Es ist wichtig, da ganz genau hinzuschauen. Doch wir möchten mit dieser Botschaft bei Dir bleiben und bei Deinen Gefühlen. Denn was passiert denn in Dir, wenn Du jemand anderem die Schuld gibst? Spüre hin, wie fühlt es sich an? Wahrscheinlich zuerst so, dass die „schwere, negativ erscheinende Energie" beim Anderen ist; doch was gibst Du ihm damit auch? Dein Entwicklungspotenzial, zu lernen mit der Situation klar umzugehen und trotzdem in Deiner Liebe zu bleiben. Du brauchst das Tun des anderen nicht fördern und auch nicht gut heißen, und Du sollst natürlich auch etwas unternehmen, wenn Dinge geschehen, die nicht in Ordnung sind – ganz klar, doch Du darfst sehr wohl lernen, in Deiner göttlichen Liebe und Energie zu bleiben, um genau daraus Dein Denken und Tun entstehen zu lassen. Und genau das liegt in Deiner eigenen Verantwortung!

Was bedeutet das Thema Schuld jetzt für Dualseelen? Wir stellen fest, dass sich zwischen Dualseelen, die sich hier wieder erkannt haben, oftmals das Thema Schuld zeigt. Und es ist somit immer etwas, das diese Seelen schnellstmöglich lösen sollen, weil es gerade zwischen Dualseelen keine Schuld geben kann, weil sie ja eine Einheit sind. Was bedeutet das jetzt? Ihr braucht Euch nicht schuldig fühlen, wenn Ihr so tief für Eure Dualseele empfindet. Ganz gleich, ob es Gefühle der tiefsten Liebe, der Erotik sind, oder auch, dass Ihr Euch über den anderen ärgert, Streitgespräche führt und Euch verletzt fühlt. All das sind Gefühle in Euch, die wichtig sind und über die Ihr liebevoll sprechen dürft, weil es Euch näher an Euer wahres Sein bringt, wenn Ihr liebevoll darüber redet und voneinander lernt. Aber nichts davon braucht ein Schuldgefühl oder eine Schuldzuweisung, weil Ihr beide die Energie der Liebe seid und das, was Ihr Euch gegenseitig tut, ist immer aus der Liebe heraus. Darum verurteile nichts, was Ihr beide miteinander erlebt. Die Euch verbindende Liebe wird einen Weg der Heilung und Ganzwerdung finden, sofern Euer freier Wille das nicht verhindert. Die Liebe zwischen Dualseelen fließen zu lassen ist immer ein göttlicher Beitrag, der hier von unschätzbarem Wert ist.

Mein geliebtes Sein,

meine Ganzheit in mir. Ich bekenne mich zu mir und nehme mich mit allem, was ist völlig liebevoll und wertfrei an.

Ich erkenne mein wahres Sein immer mehr. Ich wertschätze mich mit meinem Körper und meinem Verstand und allen Charaktereigenschaften.

Ich begegne mir selbst mit größter Achtung, Wertschätzung und Respekt.

Ich liebe mich aus tiefstem Herzen genau so wie ich bin.

Ich bin auch bereit, meine persönliche und spirituelle Entwicklung geschehen zu lassen und gebe mich diesem Fluss des Lebens demütig und dankbar hin, voll Vertrauen in die göttliche Führung.

Aus diesem Zustand heraus bitte ich, dass ich mich an meine Lebensaufgabe und an mein Seelenversprechen erinnere, und zwar zu dem für mich richtigen Zeitpunkt.

Auch diesbezüglich gebe ich mich liebevoll und demütig in DEINE Hände und vertraue auf DEINE Führung.

Ich bitte für meine Seele, dass sie sich in ihrer Ganzheit hier vereinen darf, wenn es so sein soll.

In tiefer Liebe und Dankbarkeit für alles was ist!

Die Freude daran, das Leben für sich selbst erfahren zu können

Geliebtes Sein – viele Menschen glauben, dass sie nur mit ihrer Dualseele an ihrer Seite hier auf Erden wirklich glücklich sein können und verbringen ihr ganzes Leben mit der Suche nach etwas, das sie selbst sind. Deine Dualseele ist in Dir sowie Du in ihr bist! Auch wenn Ihr in zwei Körpern lebt, so seid Ihr trotzdem auf der Seelenebene EINS.

Ist es nicht für die Seele ein gigantisches Geschenk, sich in zwei Körpern erfahren zu dürfen? Wir haben schon ausführlich über die Wichtigkeit der Vereinigung von Dualseelen und deren Aufgabe gesprochen, darum möchten wir Dir jetzt Blickpunkte geben, wie Du mit Dir alleine auch eine wunderschöne göttliche Glückseligkeit hier erleben kannst. Spüre die Facetten der Liebe in Dir. Was sind die Facetten der Liebe wirst Du Dich jetzt fragen – nicht wahr? Gott ist die Liebe und Gott ist alles was ist; Gott ist ein Bewusstsein und kein alter Mann mit grauem Bart. Was sind für Dich die Facetten der Liebe? Was bedeutet Liebe, reine bedingungslose und wertfreie Liebe für Dich – geliebtes Wesen hier auf Erden? Vielleicht möchtest Du jetzt darüber meditieren oder nachdenken und Deine Gedanken dazu aufschreiben. Mache das gerne – es bringt Dir bestimmt wertvolle Erkenntnisse und Klarheit.

Die Liebe ist Euer wahres Sein, aus der Liebe heraus seid Ihr alle entstanden. Die Alleinheit, die Ganzheit, die Ihr anstrebt, ist die reine bedingungslose Liebe. Es sind genau diese Gefühle, Werte und Handlungen, die aus diesem Gefühl der Liebe entstehen, die Euch zu Eurem wahren Sein bringen, die Euch zur Ganzheit, zur Erleuchtung bringen. Frage Dich jetzt nicht, was das im Detail zu bedeuten hat, denn das würde Dein Verstand in aller Tiefe wahrscheinlich nicht begreifen können. Spüre lieber in Dein Herz und nimm die Impulse wahr, die Dir jeden Tag helfen, liebevoller und liebenswerter zu sein. Stell Dir die Frage: „Was kann ich heute tun, um die Liebe in meinem Herzen zu spüren und dieses Gefühl fließen zu lassen?“

Die Kunst besteht darin, Dein Leben, Dein Sein und Dein Tun mit tiefster Dankbarkeit und Liebe wertzuschätzen und aus diesem Gefühl, aus dieser Energie heraus täglich Dein Bestes zu geben, damit Du so diese Energie der Liebe in Dein Denken und Tun mit einbindest. Geliebtes Wesen, je liebevoller Du zu Dir selbst bist, je mehr Liebe Du in Dir fließen lassen kannst umso leichter schaffst Du es, die Energie der Liebe als Dein Lebenselixier zu betrachten und diese Energie zu kultivieren und zu vermehren. Alles, was Du aus einem Herzen voller Liebe heraus machst, hat eine wertvolle Auswirkung und bringt Dich in die Energie des Einsseins.

Doch bitte erwarte nicht, dass Dir das nun den ganzen Tag gelingt, denn es wird ein Prozess sein, der seine Zeit hier braucht. Plane Dir tägliche Rituale ein, damit Du die Liebe in Dir pflegen und nähren kannst und sei diszipliniert, diese auch einzuhalten. Es ist Deine Aufgabe hier, Dich immer mehr zum Licht und zur Liebe zu entwickeln. Das bedeutet jetzt aber nicht, dass Du den ganzen Tag nur noch meditieren sollst und keine Zeit mehr für Deine weltlichen Aufgaben hast. Nein, wir möchten Dich liebevoll auffordern, Dein Leben als immerwährendes Liebesfest zu erleben. Indem Du tiefste Freude und Wertschätzung für Dein Leben, Dein Tun hast, und alles, was Du sagst und denkst und tust aus einem Herzen voller Liebe tust, beginnst Du Dein persönliches Liebesfest hier auf Erden zu leben. Das braucht für andere nicht spektakulär auszusehen; für Dich ist es entscheidend, was Du fühlst und in welcher Schwingung Du Deine täglichen Aufgaben erledigst.

Überlege Dir bei Deinen täglichen Ritualen, was Dir hilft in die Schwingung der Liebe zu kommen. Sind es Gebete, Mantren, Lieder, Körperübungen, Spaziergänge in der Natur, Meditationen oder Tänze? Vielleicht kannst Du auch morgens und abends eine Liste schreiben, wofür du dankbar bist. Oder Du kannst Dir auch morgens beim Aufwachen gleich liebevoll bewusst machen, wofür Du dankbar bist und abends zum Einschlafen gleich wieder. Beginne diese Dankbarkeitsliste mit ICH BIN, denn damit lenkst Du Deine Schöpferkraft in Dir und mit der Dankbarkeit verstärkst Du alles, wofür du dankbar bist. Also –

Ich bin dankbar für diesen herrlichen Planeten, auf dem ich leben darf.
Ich bin dankbar für mein Leben.
Ich bin dankbar für meinen gesunden Körper.
Ich bin dankbar für das reine Wasser, das ich trinken darf.
Ich bin dankbar für die Fähigkeit lesen zu können.
Ich bin dankbar für die Gefühle der Liebe, die ich empfinden darf.
Ich bin dankbar für meine geistige Entwicklung, und dass ich täglich hier einen weiteren Schritt mache.
Ich bin dankbar für den Wohlstand in dem ich leben darf.
Ich bin dankbar für ...

Wie fühlt es sich an, in dieser Schwingung zu sein? Stell Dir vor, dass Du dieses Gefühl in Dir immer bewusster wahrnimmst und diszipliniert und gerne Deine Rituale ausübst. Wie gut wird das Deiner Seele tun und wie leicht wird es Dir fallen, Deine täglichen zum Teil Routinearbeiten aus dieser Energie heraus zu erledigen? Spüre, was Dich aus dieser Energie herausbringt und dann ändere es so gut es dir eben gelingt. Es gibt viele Wege mit sich, seinem Leben und seinen Ängsten und inneren Konflikten ins Reine zu kommen. Darum wollen wir an der Stelle hier nicht tiefer einsteigen sondern wieder auf unser Dualseelen-Thema zurückkommen.

Eine Seele in zwei Körpern – was für ein wertvolles Geschenk! Das bedeutet doch, dass die Seele doppelt so viele Möglichkeiten zur Erfahrung hat. Das bedeutet doch auch, dass doppelt so viel beigetragen werden kann und das bedeutet doch auch, dass Ihr Euch gegenseitig in Eurer Entwicklung ganz enorm voranbringt, weil Ihr beide ja ein gigantisches Potenzial habt. Wir möchten, dass Ihr das ganz deutlich erkennt und Euch sehr darüber freut, zwei Körper zu haben. Auf geistiger Ebene seid Ihr sowieso EINS. Doch hier könnt Ihr Euch aus tiefstem Herzen freuen, zwei Körper zu haben und sich in zwei Körpern zu erfahren. Eure Energie könnt Ihr trotzdem verbinden und fließen lassen, und Euer Leben aus dieser gemeinsamen Energie heraus genießen. Erkennst Du diese Kostbarkeit?

Ihr könnt zusammen lieben, lachen, tanzen und singen und vieles erleben. Ihr könnt auch jeder für sich alleine sein Leben in einer vielleicht ganz anderen Konstellation als Eure Dualseele erleben. Das ist sehr spannend und wertvoll, sofern Du das Geschenk annimmst. Es ändert natürlich nichts daran, sich trotzdem zu seinem Dualseelenpartner zu bekennen – aber darauf sind wir ja schon ausführlich eingegangen. Jetzt möchten wir Dir, geliebtes göttliches Wesen hier auf Erden, Zuversicht geben, dass Du Dich hier auch um Dein Leben zu kümmern hast und Dein Leben mit aller Freude lebst. Auch wenn Du Dich mit Deiner Dualseele auf der geistigen Ebene vereint hast, so gilt es, dass jeder trotzdem sein Leben aus tiefster Liebe und Freude heraus lebt und damit zur gemeinsamen Entwicklung und zur Weiterentwicklung des ganzen Bewusstseins beiträgt.

Geliebtes Sein,

meine Liebe in mir – erfüllt mit göttlichem Glanz und Strahlen, verbunden im Hier auf Mutter Erde, genährt von himmlischer Erdenergie in Form von Liebe und Freude.

ICH BIN! Fließend im Leben – voll Freude am Sein und hellwach.

Die Macht der bedingungslosen Liebe gibt Lebenskraft; sie ist unbegrenzt. Mit der Macht der bedingungslosen Liebe fallen die Grenzen und verschmelzen in freudiges Sein.

Die Macht der bedingungslosen Liebe ist die Göttin in allem was ist. Die Akzeptanz und Wertschätzung dessen bringt sie ins Leben und lässt die Menschen erwachen und erkennen.

Es ist die göttliche Liebe in allem was ist, die es anzunehmen und wahrzunehmen gilt.

Seht die Liebe in jedem Wesen, jedem Gegenstand, jedem Stein und jeder Blume. Spürt sie in jedem Lächeln, jeder Träne, jedem Schmerz.

Die Macht der bedingungslosen Liebe wohnt in unseren Herzen und wirkt aus uns heraus. Sie ist grenzenlos und völlig frei!

Oh Mensch erkenne Dein wahres Sein!
ICH BIN!

Achtsamkeit und Respekt

Was die Menschen brauchen, ist wahre Achtsamkeit und Respekt. Darum ist die Achtsamkeit und auch der Respekt für die eigenen Gefühle die Basis. Die Gefühle sind die Sprache der Seele, und ihnen gebührt höchste Anerkennung, Wertschätzung, Achtsamkeit und Respekt. Es gilt die eigenen Gefühle wahrzunehmen und dazu zu stehen.

Natürlich ist es auch ein Prozess, unterscheiden zu lernen, was sind jetzt meine Herzensgefühle und was sind Ängste, Egothemen etc. Spüre in Dein Herz und erkunde Deine wahren Gefühle. Bringe ihnen Achtung und Respekt entgegen. Du brauchst Mut, um zu Deinen wahren Gefühlen zu stehen und Dir selbst gegenüber ehrlich zu sein, doch das ist die Voraussetzung, um auch die Gefühle anderer Menschen respektvoll zu behandeln. Darum lebe Wahrhaftigkeit.

Sobald Du Dich klar zu Deinen Herzensgefühlen bekennst und sie erkennst und ihnen Achtsamkeit schenkst, ist der nächste Schritt über Deine Gefühle zu sprechen. Das erfordert allerdings auch viel Verantwortungsbewusstsein. Darum gehe zuerst in Dein Herz, spüre Dich und dann spüre zu dem Menschen, mit dem Du über Deine Gefühle sprechen möchtest. Bekommst Du ein inneres klares Ja, dann sprich aus, was Dein Herz Dir sagt. Gerade dann, wenn Du eine tiefe Liebe für einen anderen Menschen empfindest, gehört viel Verantwortungsbewusstsein und Respekt dazu. Doch trotzdem ist es wichtig, Deine Gefühle auszusprechen. Das heißt jetzt allerdings nicht, dass die Gefühle auch komplett ausgelebt werden müssen. Wenn das für beide passt, dann lebt Eure tiefsten Gefühle mit Freude, Liebe und Leidenschaft. Doch respektiert Eure gegenseitigen Gefühle und verurteilt sie nicht. Sie sind, was sie sind – Ausdruck Deiner Seele und Du hast den freien Willen, was Du davon leben möchtest.

Für die Bewusstseinsentwicklung der Menschen spielen die Gefühle eine wichtige Rolle und darum fordern wir Dich auf, achtsam und respektvoll Deinen Gefühlen zu begegnen und – wenn möglich – sie unbedingt auszusprechen. Durch das Aussprechen werden die Gefühle noch lebendiger und die Energie darf wirken und es erleichtert Dich. Genieße Deine Gefühle und auch Dein Menschsein. Die Gefühle Deiner Dualseele gilt es ebenso zu respektieren und ihnen sehr achtsam und wertschätzend zu begegnen. Je tiefer die Gefühle sind, umso wichtiger ist es, dass Ihr darüber sprecht. Wenn zwei Dualseelen sich nicht über Ihre tiefsten Gefühle austauschen können – wer dann? Mach Dir bewusst, dass Du damit viel löst. Sobald Du mit Deiner Dualseele auch über Deine Ängste sprichst, so ist das ja erst eine Energie in Dir, die aus Dir heraus möchte. In der Kommunikation mit Deiner Dualseele entsteht eine Heilung in Form von Transformation. Alles, was Du Deiner Dualseele offen, ehrlich und respektvoll von Deinen Gefühlen erzählst, wird transformiert und veredelt. Eure gemeinsame Energie bewirkt diese Alchemie.

Es ist ein Segen, auf diesem Weg, also über die Kommunikation mit Deiner Dualseele zu Deinem und aller Seelenheil beizutragen. Erlöse Dich selbst von Deinen Ängsten, denn damit bewirkst Du auch bei allen Menschen eine wertvolle Entwicklung.

Geliebtes Sein,

erfreue Dich Deines Lebens, genau so, wie es ist.

Nimm es freudig und dankbar an, mit allen Gegebenheiten und Gefühlen, denn alles bin ich.

Auch Situationen, die Dich hilflos und wütend machen sind Geschenke des Himmels, weil sie Dich fordern und fördern.

Achte und respektiere es auch, wie andere Menschen ihr Leben leben.

Achtung bedeutet, den anderen seine Lernprozesse laufen zu lassen, auch wenn Du siehst und weißt, dass er es vielleicht viel leichter haben könnte.

Bewerte sein Tun nicht, sei da, wenn der andere Dich um Hilfe bittet, doch dränge Dich ihm nicht auf.

Du weißt, dass auch die Engel erst eingreifen und helfen, wenn sie darum gebeten werden. Das ist ein wichtiges geistiges Gesetz. Du bist auch ein Engel hier auf Erden und darum darfst auch Du Dich daran halten, erst zu helfen, wenn Du darum gebeten wirst.

Das ist Achtung.

Die Engel achten Dich und Deinen freien Willen. Achte auch Du das Schicksal und den freien Willen der anderen, denn auch das ist Liebe.

Wie gehen die Lebenspartner damit um, wenn ihr Partner plötzlich seiner Dualseele begegnet?

Jetzt stellt sich noch die Frage, wie sollen die Lebenspartner damit umgehen, wenn sich ihre Partnerin, ihr Partner plötzlich an die eigene Dualseele erinnert, ihr begegnet und diese tiefe Liebe und Verbundenheit spürt?

Das Wichtigste dabei ist, dieser Wahrheit wertfrei zu begegnen. Hier ist Eifersucht oder eine Angst des Verlassenwerdens völlig fehl am Platz und schadet der eigenen Beziehung sehr.

Sofern die eigene Beziehung wirklich glücklich gelebt wird, wird sich auch daran nichts ändern, auch wenn plötzlich der zweite Teil des eigenen Partners in menschlicher Gestalt ins Leben tritt und erstmal ein ziemliches Gefühlsdurcheinander entsteht.

Und wenn es in einer Beziehung sowieso schon kriselt, ist es fast egal, wer da in das Leben des Paares tritt. Dann stehen sowieso klärende Gespräche und Veränderungen an, damit die Partnerschaft entweder auf eine neue Ebene kommt oder respektvoll beendet wird.

Wenn man seiner Dualseele in diesem Leben begegnet, bedeutet das nicht zwangsläufig auch eine Partnerschaft mit ihr einzugehen. Folglich braucht der eigene Partner davor keine Angst zu haben oder eifersüchtig zu sein, sofern die eigene Partnerschaft aufrichtig und glücklich ist und beide aus freien Stücken gerne ihr Leben zusammen verbringen. Das Entscheidende bei Dualseelen, die sich hier begegnen ist, dass sie sich zueinander bekennen! Aber darüber wurde in diesem Buch schon ausführlich geschrieben; das nur kurz zur Erinnerung.

Derjenige, dem seine Dualseele begegnet, der sich auch noch daran erinnert, ist erst mal so mit sich, mit seinen Gefühlen beschäftigt, dass er von seinem Lebenspartner liebevolles Verständnis, Vertrauen und eine gewisse Freiheit braucht, um sich mit dieser Erkenntnis und Begegnung in aller Tiefe auseinander setzen zu können. Auch werden die beiden Dualseelenpartner viel Zeit miteinander brauchen um sich über ihre Gefühle austauschen zu können. Es wäre für alle Beteiligten wichtig, dass die beiden sich mit einem guten Gefühl, diese Zeit und den Raum dazu nehmen, denn somit kann die Wunde der „Seelentrennung" am leichtesten heilen. Offenheit und Ehrlichkeit ist die Grundlage dafür. In dieser durchaus turbulenten Zeit, braucht derjenige, der seinen Dualseelenpartner erkannt hat, viel Zeit für sich und für seinen Seelenpartner. Ihm das nicht zu geben und als Partner eifersüchtig zu reagieren, weil der eigene Partner mehr Zeit mit einem anderen Mann oder einer anderen Frau verbringen möchte, ist die schlimmste Folter, die man seinem geliebten Partner antun kann. Er braucht jetzt einfach Vertrauen und Freiraum und liebevolles Dasein; damit Heilung geschehen darf.

Bitte auch hier um höchsten göttlichen Schutz, um Führung und um das benötigte Vertrauen, damit Du es Deinem Partner entgegenbringen kannst. Das bringt Dich immer näher zu Deinem göttlichen Urvertrauen.

Doch bedenkt immer, dass mit dem derzeitigen Lebenspartner sehr respektvoll und wertschätzend umgegangen werden muss, denn nur, weil man seinen Dualseelenpartner getroffen und erkannt hat und ein völliges Gefühlsdurcheinander in einem selbst herrscht, hat man noch lange nicht das Recht, achtlos mit dem Menschen umzugehen, der einen bis jetzt durch das Leben begleitet hat.

Und egal, was geschieht, wenn es aus einem wahren offenen Herzen heraus geschieht – war es auch auf Seelenebene so vereinbart. Sich dagegen zu wehren wird kein Glück bringen, sondern nur Kampf.

Natürlich kann es auch anstehen, den eigenen Partner liebevoll gehen zu lassen, doch das wird sich zeigen. Sofern er erst einmal seine Zeit und seinen Freiraum bekommen hat, mit dieser Erinnerung und der Begegnung seines eigenen Selbstes klar zu kommen, wird sich auch eine ehrliche Zukunft gestalten lassen, die sicher zum Wohle aller Beteiligten ist. Und mit der geistigen Unterstützung wird alles auf eine neue Ebene gehoben – ganz sicher!

Geliebtes Sein,

Du Vollkommenheit in mir.

Du Göttlichkeit in wahrhaftiger Fülle und Freude.

Du Licht der Liebe in mir geborgen.

Erfreue Dich Deines Lebens mit allen Facetten.

Alles ist vollkommen und Ausdruck der göttlichen Liebe, Deines wahren Seins.

Es ist völlig in Ordnung, wenn Du auch die Gefühle von Freudlosigkeit und Schwere lebst. Auch das bin ich in Dir. Sie helfen Dir, die andere Seite, also die Freude und Leichtigkeit noch intensiver zu spüren und wertzuschätzen. Durch die Schwere und Freudlosigkeit bekommst Du Zugang zu einer neuen Dimension der Freude, der Fülle und der Leichtigkeit, sofern Du durch diese – für Dich gerade nicht so schönen Gefühle – durchgehst. Und da bist Du schon sehr weit.

Bleib weiterhin in Deiner Liebe geborgen, sorge gut für Dich und habe Vertrauen, dass Dich schon bald die neue Dimension von Freude und Leichtigkeit begrüßen wird.

Es ist Dein Weg der Liebe und des Lichts.

Sei gesegnet in Liebe!

OM MANI PADME HUM
Gegrüßt seist Du Juwel im Lotus.
Mögen alle Wesen glücklich sein.

Verletzungen und Heilung

Wir Menschen haben alle gewisse Seelenverletzungen in uns und sind dadurch auch verletzlich. Das ist nichts Schlimmes, sondern soll uns nur daran erinnern, dass durch die Trennung von unserer Dualseele eine Verletzung, eine Wunde entstanden ist. Damit können wir normalerweise auch gut leben.

Doch das Bewusstseinszeitalter fordert von den Menschen, die sich mit diesen Themen beschäftigen, dass sie ihre Verletzungen heilen. Natürlich tragen die meisten Menschen noch ganz andere Verletzungen in sich, die aus diesem oder früheren Leben stammen und die natürlich vorrangig geheilt werden müssen. Da seid Ihr auch auf einem guten Weg, denn wir beobachten sehr genau, welche unterschiedlichen Wege Ihr gegründet habt um mit Euch selbst ins Reine zu kommen und zu Eurem wahren Sein zu finden. Ihr besucht Seminare, macht Meditationen, Körperübungen etc. All das trägt dazu bei, innerlich heil zu werden. Es ist enorm wichtig, dass Ihr Eure Wunden heilt, weil die letzte Wunde nur durch die Wiedervereinigung mit Eurer Dualseele komplett geheilt werden kann. Damit dies geschehen kann, müssen beide Dualseelenpartner sehr heil und sich in sich selbst ganz fühlen. Erst wenn das der Fall ist, kann die komplette Dualseele als Einssein ihre ganze kostbare Energie dem Universum, der Menschheit, dem Planeten zur Verfügung stellen, und diese Energie bewirkt Unglaubliches, weil es die reine Liebe mit all ihrer Kraft und Macht ist.

Geliebtes Wesen, erkennst Du die Wichtigkeit der Arbeit an Dir selbst?
Alles, was Du für Deine Weiterentwicklung, für Dein Seelenheil tust ist die wichtigste Tätigkeit. Und da geht es nicht darum, dass Du Dich nur noch auf einen Berg setzt und den ganzen Tag meditierst und alles in Deinem Leben vernachlässigst. Nein! Die wahre Lebenskunst besteht darin in einen Gefühlszustand der Liebe und Glückseligkeit zu kommen und aus diesem Gefühl heraus Deine ganz normalen alltäglichen Aufgaben zu erledigen. Alles, was aus dem Gefühl der Liebe getan wird ist ein heiliger Akt. Völlig gleichgültig, ob es putzen, telefonieren, Büroarbeit etc. ist.

Deinen Weg zu Deinem Heil kannst Du am effizientesten gehen, wenn es Dir so oft wie möglich am Tag gelingt, in diesem Gefühl der Liebe mit ihren Facetten Freude und Dankbarkeit und Erfüllung zu sein und daraus alles tust, was eben im Leben zu tun ist. Setze Dir im Laufe des Tages kleine Inseln, in denen Du ganz bewusst dieses Gefühl kultivierst. Das kann sein, dass Du Dir Zeit einplanst, bewusst ein kraftvolles und liebevolles Lied zu hören (das dauert max. 5 Minuten), dann einen Mittagsspaziergang machst, ein Bild anschaust, dass dieses Gefühl in Dir stärkt, Dich bewusst an einer Blume erfreust oder genussvoll einen Tee trinkst, oder einen schönen Text liest. Egal was, es sind die ganz kleinen Dinge während des Tages, die Du ganz bewusst als „Energietankstelle" nutzen sollst. Denn je öfter und je länger am Tag es Dir gelingt in dieser Energie zu sein, umso kleiner werden die Abschnitte, wo Du aus dieser Energie heraus bist. Ganz klar – oder?

So, nun beginne jetzt gleich, Dir zu überlegen, welche kleinen Energieinseln Du Dir für diese Woche einplanst und fest in Deinen Terminkalender schreibst, damit Du es auch tust. Und am Ende der Woche planst Du ein Inselchen am Tag mehr dazu und beobachtest Dich, wie lange es Dir gelingt, die Energie aus der Energietankstelle zu halten. Bei einem Auto ist das ganz einfach: Wenn der Sprit verbraucht ist, kannst Du nicht mehr damit fahren und musst dringend tanken. Beim Auto achtet Ihr Menschen auch sehr darauf, dass immer genügend Sprit im Tank ist, nicht wahr? Und wie ist das mit Eurem „Lebenssprit“ oder schöner ausgedrückt „Lebensspirit“? Wie sehr kümmert Ihr Euch darum, dass Ihr damit ausreichend versorgt seid? Und nun lege bitte kurz das Buch zur Seite, nimm Deinen Kalender und plane für die Woche Deine Energietankstellen für Deinen Lebensspirit. Ja, bitte jetzt!

Aus Deinem Heilsein heraus darf die Wiedervereinigung mit Deiner Dualseele entstehen. Damit wird die letzte und tiefste Wunde geheilt. Diese Verletztheit zu leugnen bringt nichts, denn sie entspringt der Trennung von Deiner Dualseele und kann nur durch die Wiedervereinigung von den beiden Dualseelenpartnern geheilt werden. Trotzdem soll es das wichtigste Bestreben eines jeden Menschen sein, sein eigenes Seelenheil und sein eigenes Gefühl der Ganzheit in sich zu erreichen. Ihr dürft keine Ausrede haben, warum Ihr Euch nicht mit Euren eigenen Themen beschäftigen wollt und nur auf die Vereinigung mit Eurer Dualseele zu warten, um Euch heil und ganz zu fühlen. Ihr würdet Euch selbst und Euren Dualseelenpartner missbrauchen, wenn Ihr die innere Überzeugung habt, dass Ihr nur heil und ganz sein könnt, wenn Ihr Euren Dualseelenpartner gefunden habt und er Euch über alle Maße liebt und alles traumhaft schön ist. Entscheidend ist, dass jeder zu seiner eigenen Erleuchtung kommt, sein eigenes Heil, seine eigene Ganzheit im Rahmen seiner Möglichkeiten – und die sind grenzenlos – erreicht und sich dann aus dieser Energie heraus mit seiner Dualseele vereinigt. Das ist dann die so genannte heilige göttliche Hochzeit.

Geliebtes Sein,

die Liebe in mir verbindet sich mit Dir.

Es ist ein Verschmelzen des Seins zu einem tiefen Gefühl des ALL-EINS-SEINS.

Das ist der Nährboden für spirituelles Wachstum, für Erleuchtung, für kollektives Erwachen.

Pflege und lebe diese Gefühle - sie sind die wahrhaftige Göttlichkeit in Dir.

Lebe aus diesem Gefühl heraus und tue alles, was Dir hilft, dieses Gefühl der bedingungslosen, alles verbindenden Liebe des ALL-EINS-SEINS zu nähren, zu kultivieren und aufrecht zu halten.

Lass Dein Licht leuchten und entzünde die Lichter Deiner Mitmenschen.

Deine Liebe

Berührung

Die Liebe zwischen zwei Dualseelen ist wahrhaftig und unbeschreiblich intensiv, wenn sie frei fließen darf. Sie bewirkt die wertvolle Transformation des Bewusstseins auf der Erde. Diese wunderbare Energie leuchtet und erleuchtet das weltliche Sein.

Diese Energie der Dualseelenliebe ist so intensiv, dass die Körper der beiden Dualseelenpartner wie unter Strom stehen. Der Körper muss stark sein und auch der Geist muss stark sein, um diese Energie durch sich fließen lassen zu können. Darum sorge gut für Deinen Körper; mache Körperübungen, Chakrenarbeit etc. Und trainiere Deinen Geist, in dem Du lernst, Dich zu konzentrieren, zu fokussieren und zu meditieren. Wenn Ihr bereit seid, Eure Liebe und deren Energie für die Weiterentwicklung der Menschen zu geben, müsst Ihr auch soweit sein, mit der Energie gut umgehen zu können.

Stell Dir einen sehr dünnen Tonkrug vor, der vielleicht noch ein paar kleine Risse hat und in den richtig schweres Öl gefüllt wird – was kann da passieren? Er zerbricht und das Öl wird verschüttet; ganz genau. Wenn hingegen Öl in einen stabilen Tonkrug gefüllt wird, hält er das locker aus, denn dafür ist er ja auch da.

Wie schaffst Du es jetzt, dass Dein Körper gut mit der Energie klar kommt? Beziehe ihn mit ein!
Durch die Berührung der beiden Dualseelenkörper wird die Energie so transformiert, dass jede Zelle des Körpers Heilung und Wohlgefühl bekommt.
Und wenn Du auf Deinen Körper hörst, verspürst Du wahrscheinlich auch den Impuls, den anderen zu berühren, zu umarmen, seine Hand zu halten – was auch immer.
Lebe den körperlichen Kontakt, denn er hilft Euch beiden, die Energie noch intensiver fließen zu lassen und dabei Euch selbst auch zu heilen.

Das ist übrigens nicht nur bei Dualseelen so, sondern ganz generell bei Menschen, die sich sehr verbunden fühlen. Auch ist es so, dass die Menschen ein ganz natürliches Bedürfnis nach Berührung haben. Schau Dir kleine Kinder an: Die kommen und kuscheln sich zu den Erwachsenen, die sie gern mögen und die ihnen vertraut sind. Das ist ganz normal. Je älter ein Mensch dann wird, umso weniger hört er auf dieses so natürliche Gefühl, obwohl es ihm so gut tun würde. Viele Menschen können Nähe gar nicht mehr annehmen und sehen Nähe als Bedrohung an. Doch in Wahrheit möchte unser Körper in die Energie, nennen wir sie ruhig auch Lebensenergie, mit eingebunden werden. Und das geschieht über Berührung.

Sei demütig und höre auf Dein Herz, denn es sagt Dir genau, was für Dich und den anderen gerade wichtig ist. Sei liebevoll, wertschätzend und sehr bewusst mit Dir und Deinen Mitmenschen.

Geliebtes Sein,

es ist die Freude in Dir, die die Welt erhellt und heilt.

Du bist die Liebe und das Licht mit allen Qualitäten.

Sei was Du bist, nämlich alles was ist!

Erstrahle in Deinem göttlichen Licht und erhebe Dich aus der Dunkelheit.

Die Dunkelheit ist ein wertvoller Trainer, der Dich auch gut beschützt hat. Doch nun ist die Zeit, Dich zu erheben, zu leben, was Dein Sein ist.

Du bist in Deinem Licht und Deiner Liebe geborgen und beschützt – die Dunkelheit darf gehen.

Lass hell strahlen Dein göttliches Licht der Liebe und Weisheit.

Weiblichkeit

Um sich selbst ganz und heil zu fühlen, bedarf es noch eines wichtigen Aspektes: Der Weiblichkeit! In Eurer Gesellschaft sind die so wertvollen weiblichen Werte und Aspekte ziemlich verlorenen gegangen und das ist ein schwerer Verlust, weil Ihr alle auch diese Werte, diesen Teil des Lebens in Euch braucht, um ganz und heil zu sein. Es bedarf eines Gleichgewichts zwischen männlicher und weiblicher Energie in Eurer Gesellschaft. Und damit dies in der Gesellschaft sein kann, könnt Ihr nur bei Euch selbst beginnen, die beiden Teile ins Gleichgewicht zu setzen. Meistens bekommen bei Euch nur die typischen männlichen Werte ihre Anerkennung, doch das was Eure Entwicklung braucht, sind die weiblichen Werte wie Liebe, Fürsorge, Nähren, Mitgefühl, Wahrhaftigkeit, Gefühle zeigen, soziale Kontakte pflegen, Hilfsbereitschaft, Gemeinsamkeit, Spiritualität, Nachhaltigkeit etc.

Vielleicht schreibst Du Dir selbst mal auf, was für Dich persönlich Weiblichkeit bedeutet und schaust dann, was Du davon in Dir noch stärken kannst. Sprich auch gerne mit anderen Menschen darüber und stelle ihnen die gleiche Frage. Das ist eine spannende Übung.

Es ist völlig egal, ob Mann oder Frau – beide brauchen ein ausgewogenes Verhältnis von Männlichkeit und Weiblichkeit. Wir stellen fest, dass sich viele Frauen als „nur Frau“ fühlen, obwohl früher die Frauen als Göttinnen verehrt wurden, weil genau diese weiblichen Qualitäten noch die vollste Wertschätzung bekommen haben. Natürlich hat das geschichtliche Ursprünge, dass die Frau nicht mehr den ihr angemessenen Stellenwert hat, wenn Ihr nur bedenkt, wie Maria Magdalena, Jesus Frau, verleugnet wurde und nur der männliche Part in der Kultur und Kirche sein durfte. Das wirkte sich natürlich sehr stark aus – ganz klar. Doch nun ist die Zeit gekommen, um sich auch zu seiner Weiblichkeit, zu den weiblichen Werten zu bekennen um selbst ganz zu werden. Wichtig ist hierbei allerdings, dass es ein Gleichgewicht zwischen männlich/weiblich in uns selbst geben muss, weil beides hier auf Erden wichtig ist.

Geliebtes Sein,

Liebe in mir geborgen.

Gefühlt in jeder Zelle meines Körpers.

Tiefer Friede ist in mir und lebt aus mir.

Es ist mein Licht, das mich und die Welt erhellt.

Ich spüre DICH und MICH in all meinem Sein und in allem was ist.

Freude – tiefe Herzensfreude für dieses wunderbare Leben durchflutet mich, geborgen im Sein!

Das Leben blüht in seinen schillerndsten Farben und edelsten Düften durch mich.

Es erfrischt und nährt meine Seele – unsere Seele, unser ALL-EINS-SEIN.

Ich liebe dieses Leben, meine Bewusstheit über mein wahres Sein und meine Großartigkeit.

Tiefer Friede, größte Wertschätzung und reine bedingungslose Liebe erfüllen mein Sein.

Vollkommenheit und Schönheit

In Deiner Ganzheit liegt die vollendete Schönheit.

Was bedeutet das? Fast alle Menschen neigen dazu irgendetwas an sich selbst auszusetzen. Sie verurteilen sich und betrachten sich selbst überaus kritisch. Viele haben auch an ihren Mitmenschen ständig etwas zu kritisieren und zu verurteilen.

In dem Moment, wo Du in so einer Stimmung bist, schneidest Du Dich regelrecht von Deiner inneren und wahren Schönheit ab. Das ist so, wie wenn Du in einem Raum der wunderschön erleuchtet ist, einfach das Licht ausschaltest und nur noch Dunkelheit herrscht. Dein inneres Licht soll leuchten, denn daraus entsteht Deine göttliche Schönheit.

Die Natur ist wunderschön, wenn Du Dir die Mühe machst, die Details zu betrachten. Schau Dir eine Rose an, schau Dir die Form der einzelnen Blütenblätter und die Farbschattierungen an. Versenke Dich in die liebevolle und wertschätzende Betrachtung einer Blume. Gib Dir dafür viel Zeit und spüre, welches Gefühl in Dir entsteht, wenn Du die Schönheit wahrnimmst. Was macht dieses Gefühl in Deinem Körper und speziell in Deinem Herzen? Nimm Dich selbst wahr, während Du Dich auf die Schönheit konzentrierst.

Übe das so oft wie möglich, damit sich diese Wahrnehmungsfähigkeit in Dir stabilisiert und zu einer positiven Normalität wird. Dann beginne, die Schönheit in allem was ist zu suchen und zu spüren. Du hast immer die Wahl, Dich auf die unschönen Dinge zu konzentrieren oder auf die schönen. Du lebst hier in der Polarität und es gibt beides und beides ist gut, denn es hängt von Dir ab, was Du sehen und wahrnehmen möchtest. Schärfe Deinen Blick für Schönes und Du wirst in allem was ist Schönheit erkennen.

Und nun komme zu Dir selbst. Nimmst Du Deine eigene Schönheit auch schon wahr? Kannst Du Dich selbst aus den Augen der Liebe betrachten? Du bist ein Ausdruck Gottes – ist Dir das in jedem Moment bewusst? Du bist ein Teil der Schöpfung und die Schöpfung ist schön und vollkommen.

Hast Du schon mal erlebt, dass Du einen Gegenstand gesehen hast, der vielleicht auf den ersten Blick etwas unscheinbar ausgesehen hat? Und dann, als die Kerze darin angezündet wurde, erstrahlte dieser Gegenstand zu einem wunderschönen Kunstwerk und erfreute Dich?

So ist es auch mit Dir. Wenn Dein inneres Licht hell und klar strahlen darf, erstrahlst Du in einer Schönheit, die einzigartig ist. Darum lass Dein Licht hell leuchten – es ist Dein wahres Sein. Verstecke Dich nicht, sondern zeige Dich in Deinem Licht.

Viele Menschen verbringen eine Menge Zeit um sich um ihre äußere Schönheit zu kümmern. Sie sind beim Friseur, bei der Kosmetikerin, im Nagelstudio oder bei Schönheitsoperationen. Das ist alles gut und recht, sofern es dazu beiträgt, dass Du glücklich bist und dadurch Dein inneres Licht leuchten kann. Leider ist das nicht automatisch damit verbunden, dass Du glücklich und in innerem Frieden bist, nur weil Du im Nagelstudio warst.

Darum nimm Dir auch Zeit um in Deinen inneren Frieden zu kommen, um mit Dir selbst glücklich zu sein. Der innere Frieden in Dir ist ein wunderbarer göttlicher Zustand, aus dem heraus Du Dein Leben als etwas sehr kostbares erfährst. Glücklichsein hat damit zu tun, wie Du Deine Lebenssituationen beurteilst. Darum achte gut darauf, dass Du in allem etwas Schönes entdeckst, dass Dich freut und Dir hilft, glücklich zu sein. Da dies allerdings nicht immer im Leben so sein wird, brauchst Du auf jeden Fall Deinen tiefen inneren Frieden.

Der tiefe Frieden in Dir ist etwas ganz Natürliches, darum ist er auch in Dir und Du brauchst ihm nur Deine Aufmerksamkeit schenken und schon wird er intensiver werden. In der Natur herrscht tiefer Frieden – versuche, ihn wahrzunehmen und beobachte Dich selbst, wenn Du schweigend durch die Natur gehst. Klar wirst Du da auch mal Vögel erleben, die gerade wegen irgendetwas „streiten" und laut kreischen. Doch das ist ganz schnell wieder vorbei. Die Vögel lassen die überschüssige Energie durch kräftiges Flügelschlagen los und sind sofort wieder in ihrem tiefen inneren Frieden. Denn das ist ihr natürlicher Seinszustand. Und der tiefe Frieden in Dir, ist auch Dein natürlicher Seinszustand. Kannst Du Dir vorstellen, wenn tiefer Frieden in Dir ist und Du glücklich bist, dass Dein Licht hell leuchtet und Du eine wunderbare Schönheit verkörperst? Das ist Vollkommenheit.

Und nun stelle Dir vor, dass Du diese „Arbeit" nicht nur für Dich tust, sondern dass Du damit auch automatisch diese Fähigkeit bei Deiner Dualseele stärkst, weil Ihr beide ja EINS seid. Vielleicht gibt Dir das ja auch Mut und Kraft, bei Dir selbst Deine Themen zu lösen. Je intensiver Du bei Dir selbst bist, Deine eigenen Themen löst umso lichter wirst Du. Das überträgt sich auf Deine Dualseele, so dass Ihr für Eure bewusste Seelenvereinigung bestens vorbereitet seid.

Das Dreieck hat ja seit jeher eine ganz tiefe spirituelle Bedeutung. Es symbolisiert die Dreieinigkeit. Ein Dreieck mit der Spitze nach unten symbolisiert den Kelch für die Weiblichkeit und ein Dreieck mit der Spitze nach oben symbolisiert die Männlichkeit. Beide zusammen in dem bekannten Sternsymbol bedeuten die Vereinigung von Männlichkeit und Weiblichkeit als Ganzheit.

Eine Dualseele ist ja eine Seele in zwei Körpern. Stellt Euch vor, dass vom „Himmel" ausgehend, wo symbolisch das gemeinsame Höherführende Selbst ist, zwei „Seelenstränge" zu den beiden menschlichen Körpern gehen. So sieht das Bild aus von einem Dualseelenpaar, das sich noch nicht zueinander bekannt hat. Wenn es dann geschehen darf, dass Ihr beide Euch erkannt und zueinander bekannt habt, gibt es einen Seelenstrahl von Herz zu Herz und somit ist das Dreieck vollständig. Somit seid auch Ihr in Eurer Kraft vereint, in Eurer Liebe vereint und in Eurem wahren Sein vereint. Es ist vollbracht. Nun sind nicht mehr „nur noch" die beiden Seelenstränge voll Energie, sondern das gesamte Dreieck ist erfüllt mit der göttlichen Energie der Liebe mit all ihrer Macht und Kraft und Weisheit; und daraus entsteht diese so wichtige Energie für das Bewusstsein der Menschheit, für die Anhebung des Planeten in eine neue Dimension. Es wird ein wunderschönes Leuchten und eine unbeschreibliche Energie der Liebe daraus hervorgehen. Schönheit und Vollkommenheit in ihrem höchsten Ausdruck der Ganzheit.

Darin enthalten sind all die göttlichen Qualitäten, die daraus erstrahlen und leben dürfen; und zwar in einer Klarheit und Reinheit, die unbeschreiblich schön und wertvoll ist.

Über die eigene Wertschätzung der Schönheit und Vollkommenheit und daraus erfolgend die gegenseitige Wertschätzung wird es Dir möglich, zu einer Wahrnehmung des Einsseins zu gelangen und schließlich diese Weisheit mit allen Menschen zu teilen, weil die Energie des Einsseins leben und sich ausbreiten darf.

Je mehr Menschen zu sich selbst gefunden haben und je mehr Menschen sich zu ihrem Dualseelenpartner – egal ob in der geistigen oder irdischen Welt – bekannt haben, umso leichter wird es uns allen gelingen in das ALL-EINS-SEIN zu gelangen, was ja das Ziel dieser Reise ist.

Liebe, Freude und Glückseligkeit

Ich bin in meiner Mitte, in meiner Liebe, in meiner Energie.

Ich bin die Freude in meinem Sein.

Ich bin die Glückseligkeit.

Ich genieße das Geschenk meines Lebens.

Die Liebe ist mein Lebenselixier und nährt mich.

Meine tiefe Wertschätzung und Verbundenheit zur Natur, zu Mutter Erde, bringt mir die unendliche Fülle in allen meinen Lebensbereichen.

Ich lebe die Liebe in allen Facetten.

Die Liebe, Freude und Glückseligkeit lebt durch mich.

Heilung geschieht, Schönheit und Vollkommenheit erstrahlen.

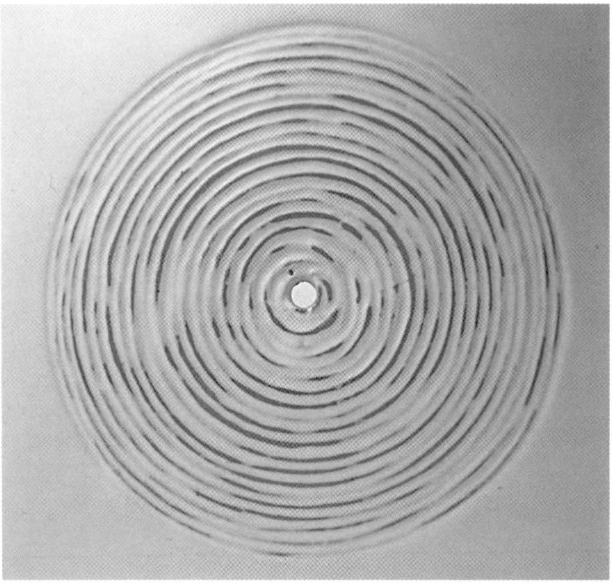

Die Seelenreise

Wie kam es nun zu dieser Reise?

Vor langer, langer Zeit entschied sich die große weise Seele, das ALL-EINS-SEIN, sich zu erfahren, und zwar unter anderem in menschlichen Körpern auf der Erde. Und so begann das Spiel. Das ALL-EINS-SEIN begann sich zu teilen und zu teilen und zu teilen in immer mehr einzelne Seelen, die allerdings immer verbunden blieben mit ihrem Ursprung, der Ganzheit. Die Seelen lernen sich immer mehr als Seele wahrzunehmen und dann entscheiden sie sich durch den Tunnel des Vergessens auf die Erde zu gehen um dort die Erfahrungen zu machen, die sie so spannend finden. Dort wollen sie ganz viel lernen. Ein Teil der Seele bleibt als Höherführendes Selbst in der geistigen Welt um den Seelenteil auf Erden zu unterstützen. Und dieser Seelenbereich, den wir als Höherführendes Selbst kennen ist noch immer verbunden mit dem ALL-EINS-SEIN mit Allem was ist, denn in Wirklichkeit gibt es auch nur ein gemeinsames Höherführendes Selbst, also eine gemeinsame Seele für alle Seelen. Bei Dualseelenpartnern ist es dann so, dass der größte Bereich der Seele nicht in der geistigen Welt bleibt, wie normalerweise, sondern dass sich diese Seele größtenteils in zwei Körper inkarniert. Meistens aus dem Grund heraus um den Menschen mit der gemeinsamen Energie bei ihrer Entwicklung zu helfen. Sobald wir uns alle als Mensch so erfahren haben, dass wir uns in unserem eigenen Sein erkennen und anderen Menschen helfen konnten, das gleiche zu tun, werden wir uns alle wieder zum ALL-EINS-SEIN hin entwickeln.

So wie es für viele Menschen schwierig ist, sich nach dem Tunnel des Vergessens wieder zu erinnern, dass sie nicht der Körper sind, sondern einen Körper haben, so ist es für viele Dualseelenpaare schwierig sich zu erinnern, dass sie einen Dualseelenpartner haben, der auch auf der Erde inkarniert ist. Und dann gilt es sich noch daran zu erinnern, dass sich beide eine gemeinsame Aufgabe vorgenommen haben, die auch nur gemeinsam, aus der vereinten Energie heraus erfüllt werden kann. Doch bitte, mache Dir keine Sorgen, die Welt geht deshalb nicht unter, wenn Du Dich an Dein Seelenversprechen nicht erinnern kannst; dann ist Deine Zeit jetzt noch nicht gekommen, was sich allerdings auch schnell ändern kann. Wichtig ist, dass die Seelen, die ihren Dualseelenpartner bereits gefunden haben, sich an die gemeinsame Aufgabe erinnern und einen Weg finden, wie sie diese erfüllen können und die Energie der Liebe ihren Raum bekommt und gelebt wird. Bitte die geistige Welt um Unterstützung und Du wirst sie bekommen. Doch lasse Dich nicht von Deinen Ängsten und gesellschaftlichen Verpflichtungen regieren!

Folgendes Gebet wird Dir dabei helfen:
„Bitte gib mir die Klarheit und den Mut mich zu meiner Ganzheit und Vollkommenheit zu bekennen und aus dieser Energie heraus liebevoll mein Leben und meine Seelenaufgabe zu meistern zum Wohle aller und zum Ruhme Gottes. Und dafür bin ich dankbar.“

Harmonie in Dir und durch Dich

Mit sich selbst und seinen Beziehungen in Harmonie zu sein ist auch eines der wichtigen Ziele auf Deinem Weg. Harmonie ist eine göttliche Eigenschaft. Betrachte wieder die Natur – da ist in allem Harmonie und alles fügt sich gut zusammen.

Wie schaffst Du es nun, tiefe Harmonie in Dir zu finden und zu leben? Beginne damit, Ordnung in allen Lebensbereichen zu schaffen. „Ordnung ist Heil und Unordnung ist Unheil!" Nimm diesen Satz mit und versuche ihn zu verstehen und zu leben. Damit ist nicht gemeint, dass kein Staubkorn mehr irgendwo liegen darf oder es nicht auch bewohnt und lebendig aussehen darf. Es geht um eine gewisse Grundordnung in der Du Dich wirklich wohl fühlst. Beginne mit dem Einfachsten. Schau in Deine Wohnung, gibt es Schränke zum Durchsortieren? Soll der Dachboden oder Keller mal wieder entrümpelt werden? Sind in Deinen Ordnern uralte Belege, die keinen Menschen mehr interessieren? Hast Du irgendwelche Gegenstände oder Geräte, die Du selbst nicht verwendest, die Dir nur Platz wegnehmen und über die sich ein anderer freuen könnte? Plane Dir Zeit dafür ein und setze Dir ganz klare Ziele z. B. den Kleiderschrank am kommenden Wochenende aussortieren ...

Dann schau Dir Deine Beziehungen an. Gibt es einen Freund oder eine Freundin, wo ein klärendes Gespräch anstehen würde und Du bis jetzt nicht hinschauen wolltest? Möchtest Du Deinen Eltern schon lange mal sagen, wie sehr Du sie liebst und wertschätzt und ihnen dankbar bist? Geht Dir immer wieder der Gedanke durch den Kopf, dass Du mit Deinen Kindern „eigentlich" etwas Tolles unternehmen möchtest? Wie sieht's mit Deiner Partnerin oder Deinem Partner aus? Wäre es da vielleicht auch mal wieder wichtig, ein tiefes Gespräch zu führen und nicht nur den Alltag zu meistern? Wie wäre es, ihm bzw. ihr mal wieder zu sagen, was sie bzw. er für Dich bedeutet?

Spüre hin, was in Dir schwingt, wenn Du daran denkst, Harmonie in Dein Leben zu bringen. Und dann finde Lösungen, wie Du in Deine Harmonie kommst, denn der nächste Schritt ist, dass Du bei Dir tief innen schaust, was es da noch für „wunde Punkte" gibt. Kann es sein, dass Du Dir wegen Deines Verhaltens, gegenüber wem auch immer, selbst Vorwürfe machst? Gibt es alte Verletzungen aus Deiner Kindheit oder ganz generell aus Deinem Leben? Egal, was es ist, finde einen Weg um damit in tiefe Harmonie zu kommen. Finde einen Weg, wie Du den Sinn darin erkennen kannst und Deinen Frieden damit schließt. Es gibt dafür gute Seminare und wertvolle Menschen, die Dir hierbei helfen können. Bitte die geistige Welt um Führung und Dir werden die Wegweiser aufgestellt, die Dich mit den für Dich richtigen Menschen in Kontakt bringen. Vertraue darauf. Wenn Du jetzt schon etwas tun möchtest, weil Dich eine Situation sehr belastet, dann beginne schon mal aufzuschreiben, was es genau ist, d. h. benenne es ganz genau, damit es nicht so nebulös in Dir ist, sondern greifbarer wird und dann schreib Dir alles von der Seele, was

Dich dazu beschäftigt. Meistens wird das Negative zuerst heraus wollen. Und dann sei ganz ehrlich zu Dir und schreibe auch auf, was Du daraus gelernt hast und was Du für wertvolle Charaktereigenschaften dadurch entwickelt hast. Lege Dir für das Positive gerne ein Buch an, damit Du alles, was gut an Dir und an einer Situation ist, darin notieren und später wieder nachlesen kannst. Vielleicht möchtest Du das Buch „Meine Herzenswahrheiten" nennen. Alles im Leben hat zwei Seiten und darum schau Dir beide Seiten an. Und bedenke, von einer Medaille sind auch beide Seiten gleich groß – nicht wahr? Darum finde auch mindestens so viele positive Punkte wie Du negative hast. Wichtig ist, dass Du es aus Dir heraus bringst. Du kannst auch in den Wald gehen und Dir einen Baum aussuchen und mit ihm darüber sprechen und ihm alles sagen. Seine starke Energie wird Dir helfen, eine neue Einstellung dazu zu bekommen; denn egal was war, Du wirst die Situationen der Vergangenheit nicht mehr rückgängig machen können. Doch was Du ändern kannst ist Deine Einstellung dazu, denn es geht darum, mit Dir und Deinem Leben in Harmonie zu kommen.

Schau Deine weiteren Lebensbereiche an. Fühlst Du Dich gesund? Ist Dein Körper fit? Oder darfst Du hier mehr tun? Macht Dich Dein Beruf glücklich und lebst Du ein Leben, das Dir wirklich gefällt? Wenn ja – prima! Dann sei weiterhin darauf bedacht, dass es nicht nur so bleibt, sondern sich auch gerne weiterhin positiv entwickeln darf. Und wenn nicht, dann stelle Dir wieder die Frage, was Du tun und ändern kannst, damit Dir Dein Leben gefällt und Du glücklich bist.

Die Harmonie in Dir ist wichtig, damit Du mit der göttlichen Harmonie gut in Resonanz bist, denn die göttliche Harmonie wird Dich stärken, damit Du auf die Begegnung mit Deiner Dualseele gut vorbereitet bist, und natürlich auch, damit Du viel Freude und Leichtigkeit in Deinem Leben erfahren darfst.

Deine innere Harmonie ist vergleichbar mit einem Klavier oder einer Gitarre. Ein Instrument, das verstimmt ist bringt keine harmonischen Töne hervor, nicht wahr? Wenn das Instrument jedoch gestimmt ist und ein Musiker aus seiner Harmonie heraus darauf spielt, dann entstehen wunderschöne und auch heilbringende Klänge. Du kannst täglich etwas dafür tun, damit Dein „inneres Instrument" gestimmt wird. Vielleicht startest Du in den Tag mit einer Meditation am Morgen, oder Du machst einen Spaziergang oder sprichst ein Gebet. Spüre auch in Dich, was Du brauchst um einen wertvollen Tag zu erleben. Was soll heute für Dich dabei sein, damit Du am Abend zufrieden und glücklich bist? Und was kannst und willst Du konkret dafür tun?

Du brauchst Deine innere Harmonie gut gefestigt, weil es durchaus sein kann, dass Dich die Begegnung mit Deiner Dualseele ziemlich durcheinander bringen kann und darum möchten wir Dich mit diesem Buch gut darauf vorbereiten.

Doch erkenne bitte auch, dass alles, was Du hier liest, für Dich genauso wichtig und wertvoll ist, ganz egal, ob Deine Dualseele in der geistigen Welt oder hier auf Erden ist und ob Ihr Euch auf Erden je begegnen werdet. Bedenke, dass alles, was Du für Dich löst und für Dich „erarbeitest" – wie z. B. tiefe innere Harmonie – machst Du nicht nur für Dich alleine, sondern auch für Deinen Dualseelenpartner. Und wenn Du noch weiter gehen möchtest, tust Du es auch für das ganze Bewusstsein. Doch entscheidend ist, dass Du es nicht wegen „den anderen" tust, sondern für Dich! Für Dich, um mit Dir in Frieden, Liebe, Harmonie und Glückseligkeit zu kommen und aus dieser Energie heraus Dein Leben zu leben.

Geliebtes Sein,

spüre die Kraft der Liebe in Dir, denn das bist Du, bin ich in Dir.

Vertraue Dir und Deinem Herzen; es schwingt im Einklang mit dem ganzen Universum und lässt alles zu Deinem Wohle entstehen.

Du hast alles und viel mehr, als Du brauchst!

Darum genieße Dein Leben mit Freude und Leichtigkeit.

Sei glücklich, denn darum geht es.

Dein Sein erhellt diese Welt. Je glücklicher Du bist umso heller, strahlender und klarer scheint und funkelt Dein Licht. Lass es strahlen, indem Du glücklich bist und in erster Linie genau dafür sorgst.

Dein Licht der Liebe strahlt wunderschön und die Liebe in Deinem Licht ist magisch.

Bereite Dir und allen Wesen einen Lichtweg aus Liebe, den Ihr gemeinsam gehen könnt.

Gehe Du voraus und viele werden Dir folgen.

Gehe Deinen Lichtweg der Liebe und Freude!

Die Weisheit Deines Herzens

Lerne, in Dich zu spüren und Dein Herz zu fragen, denn es kennt einzig und alleine das, was für Dich wirklich Deine Wahrheit ist und was für Dich gut und richtig ist.

Lerne ganz klar zu unterscheiden: Was sind Deine Ängste, Verhaltensmuster, gesellschaftlichen Verpflichtungen usw.? Und was genau ist die Stimme bzw. der Impuls Deines Herzens?

Du wirst in Deinem Leben mit vielen Botschaften durch Bücher, Medien, Channels, Menschen usw. konfrontiert, die alle ja nur Dein Bestes wollen. Doch sei Dir bewusst, dass Du der einzige Mensch hier auf Erden bist, der wirklich weiß, was für Dich die Wahrheit ist und das spürst Du in Deinem Herzen, wenn Du genau hinhörst und hinspürst. Dann brauchst Du noch den Mut darauf zu hören und entsprechend zu handeln. Demut bedeutet: Den Mut zu haben, auf seine innere Stimme zu hören.

Was Dein Herz Dir sagt, ist die reine göttliche Wahrheit und Dein Verstand darf Dir helfen, Deine innere Wahrheit so zu leben, dass es Dir gut geht. Aber nicht nur Dir als Mensch in Deiner ganzen menschlichen Konstellation, sondern insbesondere Deiner Seele! Denn dazu bist Du auch hier auf Erden um Deiner Seele den Entwicklungsraum zu geben und natürlich um Deine Seelenaufgabe hier zu erfüllen.

Über Dein Herz bist Du in der direkten Kommunikation mit Gott. Und das soll Dir helfen, Deiner inneren Herzensstimme auch zu vertrauen.

Es ist ein Segen, den Mut zu haben und Deine göttliche Weisheit zu leben.

Trauer und Regen

Vielleicht frägst Du Dich, wie Du mit den traurigen Situationen und traurigen Momenten in Deinem Leben umgehen kannst? Vielleicht bist Du ja traurig, weil Du Deine Dualseele kennst und sie sich aber noch nicht erinnert und das bereitet Dir einen tiefen Schmerz. Vielleicht sind es aber auch andere Gegebenheiten, die Dich traurig machen. Das wird es immer wieder im Leben geben und ist auch ganz natürlich. Entscheidend ist, wie Du damit umgehst.

Das Wichtigste hierbei ist, ehrlich zu Dir und Deinen Gefühlen zu sein und sie zu respektieren. Verdränge oder leugne sie nicht, denn sie wollen wahrgenommen werden. Du sollst sie aber nicht nähren, indem Du Dich immer und immer wieder in den gleichen Schmerz hineinbegibst, nur weil Du unbewusst noch leiden möchtest. Darum sei ehrlich zu Dir, gestehe Dir Deine Gefühle ein und dann gib ihnen Raum, damit sie gehen können. Wenn Du traurig bist, dann sei bewusst traurig, weine und trauere, so wie es gerade für Dich gut ist. Lass die Tränen fließen, denn sie heilen Dich. Gehe in die Natur um mit Deiner Trauer nicht so alleine zu sein. Die Natur mit ihrer heilenden Energie hilft Dir immer – vertraue ihr. Unterdrücke Deine Tränen nicht, sondern lass sie fließen.

„So wie der Regen die Erde reinigt und nährt, damit wieder Neues wachsen kann, so sind Tränen wie Regen für das Herz. Die Tränen reinigen auch Dein Herz von Deinem Schmerz und nähren es, damit wieder Neues daraus wachsen kann."

Nimm dieses Bild mit, und dann sei sehr achtsam, was Du in Deinen gereinigten und genährten Herzensboden einsäen willst. Wie wäre es mit Liebe, Freude, Leichtigkeit, Erfolg, Erfüllung, Glückseligkeit?

Triff eine Entscheidung und dann tue sehr bewusst täglich etwas dafür, was in Deinem Herzen wachsen soll. Wenn es Freude ist, kannst Du doch morgens schon mal aufwachen und Dich von Herzen auf den Tag freuen mit allem, was er Dir bringen wird. Dann kannst Du doch auch ein paar Dinge bewusst einplanen, wo Du weißt, dass sie Dich freuen. Z. B. einem lieben Menschen eine Mail schreiben, oder ein schönes Buch lesen oder tolle Musik hören und dazu hingebungsvoll mitsingen oder einen Spaziergang machen oder Dir einen Strauß Blumen kaufen oder was auch immer. Wenn Liebe in Dir kultiviert werden soll, dann beginne liebevoll mit Dir zu sein. Du kannst morgens gehetzt duschen und Deinen Körper so schnell wie möglich abtrocknen; oder Du kannst Dir bewusst ein paar Minuten mehr Zeit einplanen und das Ganze genießen und Deinen Körper liebevoll waschen, abtrocknen und eincremen und ihm danken, dass er es Dir ermöglicht, Dich als Mensch zu erfahren.

Das Leben lebt durch mich.

Die Liebe und Freude tanzen durch mich.

Ich genieße, liebe und wertschätze dieses Leben aus der Tiefe meines Herzens und mit meiner ganzen Seele.

Mein Licht leuchtet hell und die Menschen und Wesen um mich kommen nahe zu mir, um ihr eigenes Licht zu entzünden und leuchten zu lassen.

Gemeinsam sind wir Licht!

Reines helles Licht.

Das Licht der Liebe und die Liebe des Lichts.

Wir sind das ALL-EINE.

Alle Grenzen verschmelzen zum ALL-EINS-SEIN.

Wir sind angekommen bei unserem wahren Sein, bei unserer Göttlichkeit und dürfen sie hier auf Erden leben.

So erfahren wir das Paradies auf Erden.

Gelebte Glückseligkeit.

Liebe und Wertschätzung

Die Liebe in diesem Universum ist unendlich und wir dürfen so viel wir möchten davon empfangen und geben. Es ist unser Geburtsrecht, dass wir glücklich sind und die Liebe leben dürfen. All zu oft wird das vergessen und wir verstricken uns in den Problemen des Alltags. Halte bewusst inne um Dich auf die Liebe einzuschwingen. Spüre in Dein Herz und wertschätze das Gefühl der reinen bedingungslosen Liebe in Deinem Herzen. Lass sie fließen und lebe aus dieser Energie heraus. Sicher wird Dir das nicht 24 Stunden am Tag gelingen, doch je öfter am Tag Du daran denkst und bewusst in Dein Herz spürst und Dich auf die Liebe einstimmst und daraus lebst – so gut es Dir gerade gelingt – umso natürlicher und bald selbstverständlicher wird es für Dich werden. Bitte die geistige Welt dabei immer um ihre Hilfe und es wird für Dich viel leichter gehen. Doch tun darfst Du es natürlich selbst. Lass so viel Liebe in Dein Leben wie irgend möglich; das tut Dir und dem ganzen Planeten gut. Probiere es doch gleich mal aus:

Schließe die Augen, gehe gedanklich in Dein Herz und spüre die Liebe in Deinem Herzen. Atme ganz natürlich weiter und lass die Liebe in jede Körperzelle fließen, freue Dich daran und sei glücklich und dankbar.

Na – wie fühlt es sich an? Wie geht es Dir, nach der kurzen Übung? Wie oft am Tag möchtest Du Dir dafür ein paar Minuten ganz bewusst gönnen? Plane es erst mal täglich ein, bis es zu einer neuen Gewohnheit geworden ist. Und danach nimm diese Energie, diese Stimmung mit in Dein Tun. Alles, was Du aus dieser Energie heraus tust, ist ein Segen!

Je besser es Dir gelingt, in Deiner Herzensenergie zu leben umso leichter und harmonischer wird der Umgang mit Deiner Dualseele sein. Finde das Gefühl der Ganzheit, der Vollkommenheit über die Liebe in Deinem Herzen erst mal in Dir selbst. Somit bist Du frei und unabhängig und bereit für die wahre Vereinigung mit Deiner Dualseele. Es ist ein Prozess und Du brauchst liebevolle Geduld für Dich selbst – das ist ganz wichtig. Denn alles unterliegt einer göttlichen Ordnung und wenn der Schleier der Illusion zur Seite geschoben wird, erkennen wir dahinter, dass alles, wirklich alles einer wunderbaren göttlichen Ordnung unterliegt, die dafür sorgt, dass sich alles zum Besten aller Beteiligten entwickelt. Ob uns das gerade gefällt oder nicht ist ein anderes Thema, doch die Wahrheit bleibt immer die Wahrheit. Das bedeutet, dass es völlig in Ordnung ist, wenn Du Deiner Dualseele noch nicht begegnet bist, obwohl Du tief in Dir spürst, dass Ihr Euch in diesem Leben wieder finden werdet. Vertraue, dass es zum richtigen Zeitpunkt gemäß der göttlichen Ordnung geschehen wird, sofern es so sein darf. Und bis dahin tue das Wichtigste: nämlich liebevoll Deine eigenen Themen lösen um in Deinen Frieden und Deine Liebe und Wertschätzung zu kommen um daraus zu leben. Und dann gestehe Deiner Dualseele auch die Zeit zu, die sie eben braucht um in ihre Liebe, ihren Frieden und ihre Wertschätzung zu kommen um ihr Leben daraus leben zu können.

Wenn Du mit Deiner Dualseele bereits zusammen bist und Ihr Euch zwar einerseits unendlich liebt und über Eure kostbare Verbindung wisst, trotzdem aber oftmals noch einen Schmerz in Euch spürt, dann nutzt ihn als Hinweis, dass Ihr beide noch Themen bei Euch lösen dürft, die Euch von Eurer reinen Liebe in Euch selbst abhalten. Auch hier ist es das Wichtigste in seine eigene innere Herzensenergie zu kommen um daraus in Liebe und Wertschätzung zu leben. Es ist unbeschreiblich wertvoll, wenn Ihr Euch beide Eurer Verbindung, Eures Einsseins dankbar und liebevoll bewusst seid, denn Ihr könnt Euch gemeinsam um ein Vielfaches schneller durch Eure Themen hindurch entwickeln und sie dankbar transformieren und lösen. Eure gemeinsame Energie ist der Schlüssel dazu. Entscheidend ist, dass Ihr beide Euch gegenseitig voll tiefer Liebe und Wertschätzung und Achtsamkeit begegnet. Denn mit jedem auch noch so kleinen unscheinbaren verletzenden Wort, fügt Ihr Euch selbst und natürlich Euch gemeinsam eine starke Wunde zu. Es geht nicht, dass Du Deine Dualseele respektlos bzw. „schlecht" behandelst oder negative Worte über sie aussprichst, ohne Dich selbst damit zu verletzen. Erkennst Du, wie wichtig es ist, dass Du mit Dir wirklich in Frieden und in Deiner Liebe bist?

Und bedenke immer: Ihr habt eine enorm wichtige Aufgabe mit Eurer gemeinsamen Energie. Wertschätzt in liebevoller Dankbarkeit, dass Ihr Euch gefunden habt und dieses Leben gemeinsam leben, erfahren und genieße dürft. Habt viel Freude aneinander und lebt die gemeinsame wahre Liebe – Ihr leistet damit einen kostbaren Beitrag für die Weiterentwicklung des ganzen Bewusstseins.

Wenn Ihr beide Euch wieder gefunden habt, Euch Eurer gemeinsamen Seele bewusst seid, und es trotzdem noch nicht geschafft habt, Euch wirklich zueinander zu bekennen – warum auch immer, dann seid bitte liebevoll geduldig miteinander und übt in Eurer Herzensenergie, in Eurer Liebe zu bleiben. Habt Vertrauen, dass alles zu Eurem Wohle ist und der göttliche Plan, die göttliche Ordnung genau weiß, was jetzt richtig ist. Es ist völlig in Ordnung von Eurer gemeinsamen Seelenaufgabe zu wissen und sie trotzdem nicht erfüllen zu können, weil die gemeinsame Bereitschaft dazu noch nicht da ist. Erkenne und vertraue, dass alles gut ist, so wie es ist.

Gib Dich der göttlichen Führung hin und habe so viel Freude wie möglich an Deinem Leben und lass die Liebe fließen. Kultiviere sie regelrecht in Dir und lebe daraus. Somit bringst Du das Wertvollste auf die Erde, nämlich die gelebte Liebe. Du tust es im Rahmen Deiner Möglichkeiten und das ist gut so. Wenn es Dir hilft, dann konzentriere Dich auf die geistige Verbundenheit und sei voll liebevoller Dankbarkeit über Dein tiefes Wissen von Deiner Dualseele und das göttliche Geschenk, ihr hier auf Erden schon begegnet zu sein.

„Ich bin aus tiefstem Herzen dankbar für meine Weisheit und für das göttliche Geschenk, meine Dualseele zu kennen und eine wunderbare Seelenliebe für sie empfinden zu dürfen."

„Ich habe vollstes Vertrauen, dass ich meine Seelenaufgabe auch erfülle, indem ich in meiner bedingungslosen Liebe und Wertschätzung bin und diese Energie in mein Leben bringe."

In Liebe

Meine Herzensberührungen:

(Erkenntnisse, die mich tief im Herzen berühren.)

Meine Herzenstaten:

(Was ich vom Herzen her in meinem Leben umsetzen werde.)

Meine Herzensweisheiten:

(An was ich aus tiefstem Herzen glaube.)

Meine Herzenswahrheiten:

(Meine guten Charaktereigenschaften und alles Positive an mir und in meinem Leben.)

Meine Herzensdankbarkeit:

(Wofür ich von Herzen dankbar bin.)

Alles ist verbunden

Wenn wir das so erkennen
und als unsere innere Wahrheit bekennen,
dann ist und wird unser Handeln ganz klar,
wir ändern uns und es bleibt nichts mehr so wie es war.

Wenn wir diese Wahrheit aussprechen
und somit die bestehenden Mauern einbrechen,
dann erfordert das Kraft und Mut
und gleichzeitig wissen wir, es ist wichtig und gut.

Die Wahrheit, die uns unser Herz zeigt,
ist das, was wir brauchen,
um in das Leben als Ganzes einzutauchen.

Wir leben oft nur Teile und schränken uns ein,
wir halten uns damit oft selbst klein.

Doch die Schöpfung hat etwas anderes mit uns vor
und öffnet uns das Tor,
um unsere Ganzheit zu leben
und um nach dem Besten und Höchsten zu streben.

Alle Erkenntnisse sind Puzzlesteine,
die erst jeder für sich alleine
sortieren und an den richtigen Platz setzen muss,
damit in seinem Herz das richtige Bild entstehen kann.
Ist das getan, bringt uns die Kraft der Gemeinschaft voran.

Wir erkennen den Wert unserer eigenen Gedanken
und überwinden immer mehr unsere eigenen Schranken
und sehen überall die Göttlichkeit
und empfinden tiefe Dankbarkeit.

Jeder einzelne Schritt ist wichtig
und genau wo wir sind, sind wir richtig,
denn diese Plätze wurden vor langer Zeit vergeben,
schon lange vor diesem Leben.

Alles hat seinen Platz und seinen Plan
und wenn jeder sich einbringt, dann kann
alles was denkbar und fühlbar ist Wirklichkeit werden,
dass heißt, wir holen den Himmel auf Erden.

Gisela Prölß, „Gedanken, die Herz und Seele berühren", www.gisela-proelss.de

Liebe und Dankbarkeit

Die Liebe verwandelt Dich und lässt Dich vieles verstehen,
sie ist da und wird Dich immer sehen.
Liebe und Wahrheit ergänzen sich,
erkenne Dich.

Dankbarkeit bedeutet richtig zu denken,
denn die Gedanken lenken
Deine Aufmerksamkeit und den Blick auf Dein Leben,
gute Gedanken und Dankbarkeit sind ein Segen.

Ohne Wunden
gibt es keine glücklichen Stunden.
Jede Erfahrung
wird zur Offenbarung.
Es ist die Dankbarkeit für all diese Dinge,
das bedeutet auch, dass ich das Glück in mir finde.

Dankbarkeit heißt,
das Leben mit neuen Herzen und anderen Augen zu sehen,
Dankbarkeit heißt, alles zu verstehen.
Dankbarkeit lässt uns den Alltag ganz anders betrachten,
sie öffnet uns und lässt uns selbst anders achten.

Dankbarkeit öffnet den Blick für die kleinen Dinge,
sie öffnet und schärft die Sinne.
Dankbarkeit lässt einen normalen Tag als Glückstag erscheinen
und es beginnt die Liebe, Freude und Achtung zu keimen,
dass wir ein gutes und einzigartiges Leben führen
und seine Berührung in allem spüren.

Dankbarkeit bedeutet,
mit großen Augen die Schöpfung zu sehen und zu loben,
denn wir bekommen sehr viel Hilfe von oben,
dankbar nehmen wir seine Führung an
und gehen mit Freude und Zuversicht voran.

Gisela Prölß, „Gedanken, die Herz und Seele berühren", www.gisela-proelss.de

Herzensdank

Aus tiefstem Herzen danke ich meinen Engeln und geistigen Wesen, insbesondere Lady Nada und Sananda, für ihre Unterweisungen und für diese Texte. Mögen sie Seelenheil und Klarheit bringen.

Ich danke meinem lieben Mann für seine Liebe, für seinen unerschütterlichen Glauben an mich, für seine liebevolle Begleitung auf meinem Weg und all seine kostbare Unterstützung.

Ich danke meiner Dualseele für unsere Liebe und für all die wertvollen Erkenntnisse, die wir zusammen erfahren durften.

Ich danke meinen Eltern, für meine glückliche Kindheit und liebevolle freundschaftliche Begleitung bis zum heutigen Tage. Danke, dass ihr immer für mich da seid!

Ich danke all meinen Freundinnen und Freunden, für die wertvollen gemeinsamen Augenblicke, die liebevollen Gespräche, das Vertrauen und das gemeinsame Lachen.

Ich danke all den guten Seelen um mich, die mir so liebevoll geholfen haben, dieses Buch zu schreiben und zu verlegen.

Ich danke den Pallas-Seminaren, die ich alle besucht habe, und durch die ich zu meinem wahren Sein gefunden habe.

Lass Dein Licht hell scheinen und
bringe Deine Liebe in die Welt.

Ein wunderschönes Hörbuch bestehend aus 3 CD's mit gesprochenen und gesungenen Herzensbotschaften. Nach jedem Track hören Sie einen mit sanfter Musik unterlegten heilbringenden Text, den Sie wunderbar als kleine Meditation nutzen können.

Mögen Sie die Texte, die Melodien und Lieder im Herzen berühren und Ihnen wertvolle Erkenntnisse sowie schöne Gedanken schenken.

ISBN: 978-3-00-034166-3
Preis: 24,50 EUR

Lusinia-Verlag
www.lusinia.de
Tel.: 0 94 08 - 85 99 35
Fax: 0 94 08 - 85 98 15

Gott ist die Liebe, der Liebende und Geliebte.

Das neue Bewusstsein bringt uns einen neuen Lebensstil, der erfüllt ist mit Mitgefühl, bedingungsloser Liebe und Dankbarkeit. Genau das gilt es schon jetzt zu leben, und zwar so gut es uns eben gelingt.

Dieses Buch führt Sie liebevoll und klar zu wertvollen Erkenntnissen, die Ihnen helfen immer mehr in Ihren tiefen Seelenfrieden zu kommen und daraus zu leben. Lady Nada und Sananda haben sich sehr stark in die Texte eingebracht und helfen mit ihren Erklärungen die Zusammenhänge zwischen Dualseelen und dem neuen Bewusstsein leichter zu verstehen und in das irdische Leben integrieren zu können. Neben vielen praktischen Anleitungen und wertvollen Gebeten dürfen Sie die liebevolle Schwingung, mit der das Buch geschrieben wurde direkt beim Lesen deutlich spüren. Darüber hinaus sind erstmals die Werte der neuen Zeit ausführlich erklärt.

Ein wunderbares Buch, das Ihnen hilft eine noch tiefere Verbindung zu Ihrem Herzen aufzubauen, daraus zu leben und die Verbundenheit über die Liebe deutlich wahrzunehmen. Eine wertvolle Begleitung in die neue Zeit.

ISBN: 978-3-00-035254-6
Preis: 14,50 EUR

Lusinia-Verlag
www.lusinia.de
Tel.: 0 94 08 - 85 99 35
Fax: 0 94 08 - 85 98 15

An einem zauberhaften Kraftort wird in einer wunderschönen alten Klosterruine ein Bewusstseinszentrum mit Seminarräumen und idyllischen Gästehäuschen entstehen.

Wenn Sie Interesse haben dort ab ca. 2013 Seminare zu besuchen bzw. Seminare zu halten, dann teilen Sie uns gerne Ihr Interesse unter folgender Mailadresse mit:

info@bewusstseinszentrum.eu

Dann halten wir Sie gerne auf dem Laufenden.
Wir freuen uns über Ihre Nachricht.

Herzlichst,

Natalie Auburger und Felicitas Sauer